Manuel du Prestataire de Services

Pratiques d'Excellence pour Transformer les Clients en Fans

Paulo Ehms

MMXXIV

Avis de Droit d'Auteur © 2024 Paulo Ehms

Tous droits réservés. Aucune partie de ce livre ne peut être reproduite, stockée ou transmise sous quelque forme ou par quelque moyen que ce soit, électronique ou mécanique, y compris la photocopie, l'enregistrement ou par tout système de stockage et de récupération d'informations, sans autorisation écrite du titulaire des droits d'auteur, sauf en cas de brèves citations incorporées dans des critiques et d'autres utilisations autorisées par la loi sur le droit d'auteur.

Pour les demandes d'autorisation et les commentaires, veuillez contacter pauloehms@hotmail.com

Table des matières

Introduction 5
   Découvrir le Monde du Prestataire de Services 5

Chapitre 1 7
   Démystifier le Monde du Prestataire de Services 7

Chapitre 2 12
   Profil du Prestataire de Services 12
   Compétences Nécessaires 14
   Types de Prestataires de Services 17

Chapitre 3 20
   Préparation 20
   Certifications Pertinentes 22
   Portefeuille 25

Chapitre 4 28
   Établissement de votre Entreprise 28
   Enregistrements et Licences 31
   Planification Financière 33

Chapitre 5 37
   Marketing Personnel 37
   Stratégies Marketing 40
   Utilisation des Réseaux Sociaux 42

Chapitre 6 46
   Gestion des Clients 46
   Communication 49
   Résolution des Conflits 52

Chapitre 7 55

Prestation de Services 55

Gestion de Projets 58

Qualité du Service 61

Chapitre 8 64

Aspects Légaux et Contractuels 64

Droits et Devoirs 67

Résolution des Litiges 70

Chapitre 9 74

Outils et Ressources Utiles 74

Plateformes de Marketing 77

Réseautage 80

Chapitre 10 84

Perfectionnement Professionnel Continu 84

Éducation Continue 87

Adaptation aux Changements 91

Chapitre 11 96

Études de Cas Exemples Pratiques de Prestataires de Services Bien-Succédés 96

Chapitre 12 100

Éthique dans la Prestation de Services et sa Contribution à la Construction d'une Réputation Durable 100

L'Importance d'une "Bonne Réputation" 104

Conclusion 107

Récapitulation des Points Clés 107

Encouragement pour un Succès Continu 111

Livres Recommandés de Ressources Supplémentaires 115

Introduction

Découvrir le Monde du Prestataire de Services

Bienvenue dans le "Manuel du Prestataire de Services" ! Ce livre a été soigneusement élaboré pour vous guider à travers l'univers fascinant de l'entrepreneuriat et de la prestation de services. Que vous soyez déjà un prestataire de service expérimenté ou que vous envisagiez seulement de commencer cette aventure, ce guide vous fournira des perspectives précieuses, des conseils pratiques et des orientations essentielles pour votre réussite.

Dans un environnement dynamique et de plus en plus concurrentiel, la prestation de services émerge comme une voie prometteuse pour les professionnels indépendants et les entrepreneurs. Que vous soyez graphiste, programmeur, consultant ou dans toute autre profession, ce manuel vous offrira un itinéraire complet, couvrant depuis le développement de vos compétences jusqu'à la gestion efficace de votre propre entreprise.

Dans le Chapitre 1, nous ferons les premiers pas, en contextualisant l'importance de ce manuel et en soulignant comment il deviendra un outil précieux dans votre parcours. Tout au long des pages, nous explorerons des sujets cruciaux, tels que la définition du profil idéal du prestataire de services, la préparation nécessaire pour relever les défis et la structuration de votre propre entreprise.

À partir d'ici, nous nous embarquerons dans un voyage d'apprentissage et de perfectionnement, abordant des aspects pratiques, tels que l'élaboration de contrats et la gestion des clients, ainsi que la construction d'une présence en ligne efficace et des stratégies pour se démarquer sur le marché.

Soyez prêt à découvrir des outils et des ressources utiles qui optimiseront votre productivité et votre efficacité, tout en apprenant des études de cas inspirantes de prestataires de services réussis.

En terminant ce voyage, nous espérons que vous vous sentirez habilité et inspiré à atteindre de nouveaux sommets dans votre carrière en tant que prestataire de services. Préparez-vous à explorer ce chemin excitant rempli de défis, de réussites et de croissance professionnelle. Le succès vous attend, et ce manuel est votre guide fiable dans cette aventure passionnante !

Chapitre 1

Démystifier le Monde du Prestataire de Services

Bienvenue au cœur de ce guide, où nous explorerons ensemble le monde complexe du prestataire de services. Ce premier chapitre sert de porte d'entrée à un voyage rempli de découvertes, d'apprentissages et, surtout, d'opportunités pour votre développement professionnel.

1.1 Pourquoi Ce Livre ?

Découvrez l'Objectif : En lançant ce livre, notre objectif principal est de vous fournir une boussole fiable au sein du vaste territoire de la prestation de services. La complexité du paysage actuel demande une approche stratégique, et ce guide a été conçu pour être votre boussole, vous guidant à travers chaque défi, chaque décision et chaque moment de croissance.

1.2 À Quoi S'Attendre ?

Itinéraire vers le Succès : Tout au long des prochaines sections, nous explorerons les fondements essentiels qui composent le parcours du prestataire de services. De la définition du profil idéal à la gestion des clients, chaque sujet a été soigneusement sélectionné pour vous permettre de naviguer dans les eaux parfois agitées de ce secteur, en vous fournissant les outils nécessaires pour construire une carrière solide et réussie.

1.3 Pour Qui Ce Livre Est-il Destiné ?

Un Guide Universel : Ce livre s'adresse à un large éventail de professionnels, des débutants dans la prestation de services aux entrepreneurs les plus expérimentés. Que vous soyez designer, consultant, écrivain ou professionnel dans n'importe quel domaine, les informations contenues ici sont adaptables et pertinentes pour tous les prestataires de services cherchant à se démarquer sur le marché.

1.4 Comment Utiliser Ce Guide ?

Naviguer à Travers les Pages : Tout au long de ce manuel, vous trouverez des conseils pratiques, des exemples du monde réel et des exercices qui vous pousseront à appliquer les connaissances acquises. Nous vous suggérons de lire de manière séquentielle, mais n'hésitez pas à explorer les sections selon vos besoins spécifiques.

Nous sommes ravis de commencer ce voyage avec vous. Plongeons ensemble dans les pages du "Manuel du Prestataire de Services" et découvrons les stratégies qui propulseront votre succès dans ce monde dynamique et stimulant. Le voyage commence maintenant !

1.2 Importance du Manuel du Prestataire de Services

Le monde de la prestation de services est vaste, dynamique et parfois difficile. Dans ce contexte, la question se pose : pourquoi un manuel spécifique pour les prestataires de services est-il si crucial ? La réponse réside dans la compréhension que la préparation adéquate et la connaissance solide sont des bases indispensables pour construire une carrière réussie. Explorons l'importance fondamentale de ce guide et comment il devient un outil indispensable pour le prestataire de services moderne.

1.2.1 Orientation Stratégique

Naviguez avec Confiance : En entrant dans l'univers de la prestation de services, il est facile de se sentir perdu parmi tant d'options, de défis et de décisions. Ce manuel fournit une orientation stratégique, vous aidant à tracer un chemin clair et à prendre des décisions éclairées. Avoir une vue d'ensemble des fondamentaux essentiels vous permettra d'agir avec confiance et détermination.

1.2.2 Réduction des Obstacles

Anticipez les Défis : La prestation de services présente une série de défis, de la concurrence féroce aux questions légales complexes. Le manuel aborde ces obstacles de front, en offrant des idées et des stratégies pour anticiper et surmonter les défis courants. Être préparé aux adversités est la clé pour éviter les pièges et rester résilient.

1.2.3 Construction de Bases Solides

Créez une Carrière Durable : Pour construire une carrière solide, il est essentiel d'avoir des bases solides. Ce manuel fournit des informations pratiques et une structure pour le développement continu. Apprendre les fondamentaux dès le début, c'est comme construire des fondations solides, garantissant que votre carrière croîtra de manière durable au fil du temps.

1.2.4 Adaptation aux Changements

Restez à Jour : Le monde des affaires et de la prestation de services évolue constamment. En plus d'aborder les pratiques actuelles, le manuel offre des idées sur la manière de s'adapter aux changements sur le marché. La capacité à rester pertinent et innovant est un avantage significatif, et ce guide vous prépare à relever les défis de l'avenir.

1.2.5 Autonomisation du Professionnel

Transformez la Connaissance en Pouvoir : En comprenant l'importance de ce manuel, vous vous autonomisez avec des connaissances qui vont au-delà de la théorie. L'objectif est de vous permettre de prendre des décisions éclairées, de prendre le contrôle de votre carrière et de transformer la connaissance en pouvoir. Ce guide est un outil dynamique pour construire votre succès.

En comprenant l'importance de ce manuel, vous serez prêt à plonger dans les sections suivantes, prêt à absorber les idées, les stratégies et les orientations pratiques qui vous guideront dans la construction d'une carrière de prestataire de services réussie. Le voyage ne fait que commencer, et vous êtes aux commandes.

Chapitre 2

Profil du Prestataire de Services

2.1 Qualités Essentielles

Pour réussir dans le domaine de la prestation de services, il est crucial de développer et d'améliorer certaines qualités essentielles qui façonnent votre identité professionnelle et déterminent le niveau d'excellence que vous pouvez atteindre dans vos entreprises. Explorons quelques-unes des qualités fondamentales qui caractérisent un prestataire de services réussi.

2.1.1 Professionnalisme

Engagement envers l'Éthique : Être un prestataire de services implique de représenter non seulement vous-même, mais aussi les valeurs éthiques de votre travail. Le professionnalisme va au-delà des compétences techniques ; il implique de respecter les délais, de communiquer efficacement et de traiter les clients et les collègues avec respect. C'est la base sur laquelle des relations professionnelles solides sont construites.

2.1.2 Empathie

Compréhension du Client : Comprendre les besoins et les attentes des clients est une compétence essentielle. L'empathie vous permet de vous mettre à la place du client, de comprendre ses préoccupations et ses désirs. Cette qualité renforce la relation professionnelle et guide la prestation de services personnalisés et de haute qualité.

2.1.3 Communication Efficace

Transmission Claire des Idées : La capacité de communiquer de manière claire et efficace est un avantage significatif. De la rédaction de propositions à l'interaction quotidienne avec les clients, la communication est l'épine dorsale de la prestation de services. Développer cette compétence améliore la compréhension mutuelle et évite les malentendus qui peuvent survenir tout au long du processus.

2.1.4 Proactivité

Anticipation des Besoins : Être proactif signifie anticiper les besoins du client et prendre l'initiative pour résoudre les problèmes. Dans un environnement de prestation de services, la proactivité distingue le professionnel, démontrant son engagement et sa détermination à dépasser les attentes du client.

2.1.5 Capacité de Résolution de Problèmes

Gestion des Défis : Les défis sont inévitables dans la prestation de services. Avoir la capacité d'identifier les problèmes, d'analyser les solutions et de mettre en œuvre des actions correctives est vital. La résolution efficace des problèmes démontre votre compétence et renforce la confiance tant des clients que des autres professionnels du secteur.

2.1.6 Adaptabilité

Flexibilité aux Changements : L'environnement de prestation de services est soumis à des changements rapides. Être capable de s'adapter à de nouvelles circonstances, technologies et demandes du marché est une qualité précieuse. L'adaptabilité garantit que vous restiez pertinent et compétitif au fil du temps.

En développant et en incorporant ces qualités essentielles dans votre approche professionnelle, vous construisez les bases d'une carrière solide dans la prestation de services. Dans le prochain sujet, nous aborderons l'importance du développement continu et de l'éducation pour améliorer encore davantage vos compétences.

Compétences Nécessaires

2.2 Compétences Nécessaires

En plus des qualités personnelles, la prestation de services exige un ensemble spécifique de compétences techniques qui permettent au professionnel d'offrir des services de qualité et de se démarquer dans son domaine d'activité. Nous allons explorer les compétences essentielles qui sont fondamentales pour réussir en tant que prestataire de services.

2.2.1 Spécialisation Technique

Maîtrise de son Art : Peu importe le secteur dans lequel vous travaillez, la spécialisation technique est un élément fondamental. Approfondir vos compétences spécifiques, que ce soit en programmation, en design, en consulting ou dans tout autre domaine, accroît votre efficacité et vous établit comme une référence dans votre domaine.

2.2.2 Gestion de Projets

Livraisons Efficaces : La capacité à gérer les projets de manière efficace est cruciale dans la prestation de services. De la définition des objectifs à l'allocation des ressources et au respect des délais, la gestion de projets garantit que vous livrez des services de haute qualité de manière organisée et professionnelle.

2.2.3 Connaissances Financières

Gestion Financière Personnelle et Professionnelle : Comprendre les principes de base de la finance est essentiel. Cela inclut la capacité à établir des budgets, à fixer adéquatement vos tarifs de services et à gérer les finances de votre entreprise de manière efficace. Des compétences financières solides garantissent la pérennité à long terme de vos opérations.

2.2.4 Compétence en Négociation

Alignement des Intérêts : La négociation est un art, particulièrement dans la prestation de services. La capacité à négocier les termes contractuels, les prix et les attentes avec les clients, les partenaires et les fournisseurs est vitale pour garantir des relations saines et des accords mutuellement bénéfiques.

2.2.5 Pensée Analytique

Prise de Décisions Basée sur les Données : Analyser les données et les informations est crucial pour prendre des décisions éclairées. La pensée analytique permet au prestataire de services d'évaluer les situations, d'identifier les tendances et d'ajuster les stratégies pour mieux répondre aux besoins du marché.

2.2.6 Marketing Personnel

Promotion Efficace : Savoir promouvoir vos services est aussi important que la qualité du travail lui-même. Développer des compétences en marketing personnel, que ce soit en ligne ou hors ligne, aide à créer une présence remarquable sur le marché, attirant de nouveaux clients et opportunités.

2.2.7 Compétences Technologiques

Suivi des Innovations : Nous vivons à une époque numérique en constante évolution. Rester à jour avec les dernières technologies et outils dans votre domaine d'activité augmente votre efficacité et démontre un engagement envers l'innovation et l'excellence.

En incorporant ces compétences techniques dans votre arsenal professionnel, vous serez mieux préparé pour relever les défis et vous démarquer dans la prestation de services.

Types de Prestataires de Services

2.3 Types de Prestataires de Services

La diversité dans le domaine de la prestation de services est remarquable, englobant un large éventail de professionnels, chacun avec ses spécialités et ses approches uniques. Dans ce sujet, nous explorerons certains des types les plus courants de prestataires de services, reconnaissant la variété de compétences et de talents qui contribuent à la richesse de ce secteur dynamique.

2.3.1 Consultants

Experts en Solutions : Les consultants sont des spécialistes dans leurs domaines, offrant des informations précieuses et des stratégies pour aider les entreprises et les individus à surmonter des défis spécifiques. Leurs compétences analytiques et de résolution de problèmes sont essentielles pour orienter les décisions stratégiques.

2.3.2 Freelancers

Indépendance Professionnelle : Les freelancers sont des professionnels indépendants qui offrent leurs services dans divers domaines tels que la rédaction, le design, la programmation, entre autres. Leur autonomie permet la flexibilité, bien que la gestion efficace du temps et la recherche continue d'opportunités soient cruciales.

2.3.3 Entrepreneurs de Services

Création et Gestion d'Entreprises : Ce sont des prestataires de services qui offrent leurs compétences et souvent gèrent des entreprises complètes. Ils assument des responsabilités financières, dirigent des équipes et développent souvent des solutions innovantes pour répondre aux demandes du marché.

2.3.4 Professionnels de la Santé et du Bien-Être

Prendre Soin du Corps et de l'Esprit : Comprenant des médecins, des thérapeutes, des coachs personnels et d'autres, ces prestataires de services sont axés sur la santé et le bien-être des clients. Leurs compétences vont au-delà du technique, impliquant de l'empathie et une compréhension holistique du client.

2.3.5 Spécialistes en Technologie

Innovation et Développement : Les professionnels de la technologie, tels que les développeurs de logiciels, les ingénieurs et les spécialistes de la cybersécurité, jouent un rôle crucial dans l'ère numérique. Leurs compétences sont fondamentales pour l'évolution constante du paysage technologique.

2.3.6 Prestataires de Services Marketing

Promotion et Positionnement des Marques : Spécialisés dans les stratégies de marketing, ces professionnels aident les entreprises à augmenter leur visibilité, à attirer des clients et à positionner leurs marques sur le marché. Leurs compétences vont du marketing digital aux stratégies publicitaires traditionnelles.

2.3.7 Prestataires de Services Créatifs

Expression Artistique et Design : Artistes, designers, écrivains et musiciens composent ce groupe, contribuant à la créativité dans divers secteurs. Leurs compétences artistiques sont essentielles pour la communication visuelle et conceptuelle dans une variété de projets.

2.3.8 Professionnels de l'Éducation

Transmission du Savoir : Les éducateurs et les formateurs sont des prestataires de services dédiés à la transmission de connaissances et de compétences. Que ce soit en classe, en ligne ou lors de formations en entreprise, ils jouent un rôle vital dans le développement des capacités individuelles et organisationnelles.

En comprenant la diversité des types de prestataires de services, vous pouvez identifier où vos compétences et vos intérêts se situent le mieux, orientant ainsi votre carrière de manière plus efficace. Dans le prochain chapitre, nous aborderons la préparation nécessaire pour parcourir ce chemin avec confiance et succès.

Chapitre 3

Préparation

3.1 Éducation et Formation

Une base solide pour une carrière réussie dans la prestation de services repose largement sur la recherche constante de connaissances et le développement continu. Dans ce premier sujet, nous explorerons l'importance de l'éducation formelle et de la formation spécifique en tant qu'éléments fondamentaux pour la préparation et l'amélioration du prestataire de services.

3.1.1 Éducation Formelle

Le Pouvoir de la Connaissance Académique : L'éducation formelle, telle que les diplômes, les certifications et les cours universitaires, offre une base théorique solide pour la pratique professionnelle. Cette connaissance académique valide vos compétences, mais fournit également une compréhension globale des principes fondamentaux dans votre domaine d'activité.

3.1.2 Cours Spécifiques

Formation Axée sur les Compétences : En plus de l'éducation formelle, des cours spécifiques ciblés sur votre domaine de spécialisation offrent un apprentissage pratique et actualisé. Ces cours sont souvent conçus pour répondre aux demandes du marché, fournissant des compétences spécifiques prêtes à être appliquées dans l'environnement professionnel.

3.1.3 Ateliers et Séminaires

Apprentissage Interactif : Participer à des ateliers et des séminaires offre une expérience pratique et interactive. Ces événements permettent l'échange d'idées, le réseautage avec d'autres professionnels et l'accès à des informations et tendances récentes dans votre domaine, contribuant significativement à l'amélioration continue.

3.1.4 Certifications Professionnelles

Validation des Compétences : Les certifications professionnelles sont des sceaux d'approbation reconnus dans l'industrie, validant vos compétences spécifiques. Elles ajoutent certainement de la crédibilité à votre profil, mais démontrent surtout un engagement envers l'excellence et la conformité aux normes reconnues.

3.1.5 Éducation Continue

Investissement Permanent dans la Connaissance : La prestation de services est un domaine dynamique, soumis à des changements rapides et à des innovations constantes. L'éducation continue, que ce soit par le biais de cours en ligne, de lectures pertinentes ou de participation à des webinaires, garantit que vous soyez toujours à jour et prêt à relever les défis en évolution de votre secteur.

3.1.6 Développement des Compétences Sociales

Au-delà du Technique : En plus des compétences techniques, le développement des compétences sociales telles que la communication efficace, l'empathie et la collaboration est crucial. De nombreux aspects de la prestation de services impliquent des interactions interpersonnelles, et améliorer ces compétences contribue à des relations professionnelles plus solides.

En investissant du temps et des efforts dans votre éducation et votre formation, vous renforcez non seulement vos compétences techniques, mais vous vous positionnez également en tant que professionnel dédié à l'amélioration continue. Dans le prochain sujet, nous explorerons l'importance de l'obtention de certifications pertinentes comme partie intégrante de votre parcours dans la prestation de services.

Certifications Pertinentes

3.2 Certifications pertinentes

Num monde où la concurrence est féroce et la validation des compétences est cruciale, les certifications professionnelles jouent un rôle significatif dans le parcours du prestataire de services. Dans ce sujet, nous explorerons l'importance d'obtenir des certifications pertinentes, soulignant comment ces sceaux d'approbation peuvent renforcer votre crédibilité et ouvrir des portes à des opportunités précieuses.

3.2.1 Reconnaissance de la Compétence

Validation Externe : Les certifications pertinentes valident non seulement vos compétences, mais fournissent également une reconnaissance externe de votre compétence dans un domaine spécifique. C'est particulièrement crucial dans un marché où la confiance du client est essentielle.

3.2.2 Différenciation sur le Marché

Se Démarquer de la Concurrence : Dans un environnement compétitif, les certifications offrent un moyen tangible de se démarquer de la concurrence. Les employeurs et les clients recherchent souvent des professionnels qui ont démontré leur engagement à acquérir des connaissances et à améliorer leurs compétences.

3.2.3 Accès à des Opportunités Spécifiques

Portes Ouvertes par les Certifications : Les certifications pertinentes ouvrent souvent la voie à des opportunités d'emploi ou de projets spécifiques. Certaines entreprises et clients valorisent des certifications spécifiques lorsqu'ils recherchent des prestataires de services pour des rôles spécialisés.

3.2.4 Mise à Jour Continue

Suivi des Tendances du Secteur : De nombreuses certifications exigent l'achèvement de cours ou d'examens périodiques pour maintenir leur validité. Cela encourage la mise à jour constante et vous maintient aligné sur les dernières tendances et pratiques dans votre domaine d'activité.

3.2.5 Construction de Confiance

Garantie de Qualité : Pour les clients et les employeurs, les certifications sont souvent perçues comme des garanties de qualité. Elles offrent une indication claire que vous possédez les compétences et les connaissances nécessaires pour réaliser un travail de haut niveau.

3.2.6 Croissance Professionnelle

Progression de Carrière : Les certifications peuvent être un tremplin pour la croissance professionnelle. Elles consolident votre position actuelle et peuvent ouvrir des opportunités pour des postes plus avancés et stimulants avec le temps.

3.2.7 Choix Conscient des Certifications

Alignement avec Vos Objectifs : Lorsque vous recherchez des certifications, il est crucial de choisir celles qui correspondent directement à vos objectifs professionnels. Les certifications pertinentes renforcent votre crédibilité lorsqu'elles sont en phase avec votre spécialisation et vos objectifs de carrière.

En investissant dans des certifications pertinentes, vous renforcez votre base de connaissances et construisez un profil professionnel plus attrayant. Dans le prochain sujet, nous aborderons la construction et l'importance d'un portefeuille solide pour mettre en valeur vos réalisations et compétences.

Portefeuille

3.3 Constitution d'un Portefeuille

En plus des certifications et de l'éducation formelle, l'un des éléments les plus puissants pour mettre en valeur vos compétences et expériences est la création d'un portefeuille solide. Dans ce sujet, nous explorerons l'importance d'un portefeuille bien élaboré et comment cet outil essentiel peut être la clé pour conquérir des clients, des employeurs et des opportunités significatives.

3.3.1 Qu'est-ce qu'un Portefeuille ?

Une Vitrine de Vos Réalisations : Un portefeuille est plus qu'une simple collection de travaux passés. C'est une vitrine dynamique qui met en avant vos compétences, expériences et réalisations. Il sert de vitrine virtuelle permettant aux intéressés d'évaluer votre travail et de comprendre votre approche professionnelle.

3.3.2 Importance du Portefeuille dans la Prestation de Services

Démonstration Pratique de Compétences : Alors que les certifications et les diplômes valident vos compétences théoriques, un portefeuille offre une démonstration pratique de vos connaissances. Les clients et les employeurs veulent souvent voir des exemples concrets de votre travail avant de prendre des décisions.

3.3.3 Éléments Essentiels du Portefeuille

Variété et Qualité : Un portefeuille efficace doit inclure une variété de travaux représentant vos compétences de manière exhaustive. Assurez-vous d'inclure des projets mettant en valeur différents aspects de vos compétences et montrant votre capacité d'adaptation.

3.3.4 Structure Organisée

Navigation Intuitive : Organisez votre portefeuille de manière logique et intuitive. Catégorisez vos travaux, fournissez une brève description de chaque projet et mettez en évidence les défis rencontrés et les solutions apportées. Facilitez la recherche et la compréhension de votre travail par les visiteurs.

3.3.5 Études de Cas Détaillées

Contextualisation et Processus Créatif : Incluez des études de cas détaillées pour certains projets clés. Cela fournit non seulement un contexte sur le travail, mais révèle également votre processus créatif, votre prise de décision et vos compétences analytiques.

3.3.6 Feedback et Témoignages

Validation Externe : Intégrez les témoignages et les retours des clients précédents. Ces recommandations fournissent une validation externe de votre travail et contribuent à renforcer la confiance avec les futurs clients ou employeurs.

3.3.7 Mise à Jour Continue

Reflet de la Croissance Professionnelle : Mettez à jour votre portefeuille à mesure que vous progressez dans votre carrière. De nouveaux projets, certifications et expériences doivent être ajoutés pour refléter votre croissance professionnelle continue.

3.3.8 Portefeuille en Ligne

Accès Facile et Global : Avoir un portefeuille en ligne est essentiel à l'ère numérique. Cela permet aux clients potentiels ou aux employeurs d'accéder facilement à votre travail de n'importe où dans le monde. Envisagez de créer un site web ou d'utiliser des plateformes dédiées pour héberger votre portefeuille.

En créant un portefeuille qui met en avant non seulement vos compétences techniques, mais aussi votre approche et vos expériences pratiques, vous construisez un outil puissant pour saisir des opportunités dans la prestation de services. Dans le prochain chapitre, nous explorerons le voyage complexe pour établir votre propre entreprise dans la prestation de services.

Chapitre 4

Établissement de votre Entreprise

4.1 Structures Juridiques

En entreprenant le voyage d'établir votre propre entreprise dans la prestation de services, le choix de la structure juridique est l'une des décisions les plus cruciales. Chaque forme juridique a des implications significatives pour la structure de l'entreprise, les responsabilités légales et fiscales. Explorons quelques-unes des formes juridiques courantes pour les prestataires de services.

4.1.1 Entrepreneur Individuel

Autonomie et Simplicité : L'entrepreneur individuel est une option pour ceux qui souhaitent démarrer une entreprise de manière simple et directe. Dans cette forme juridique, vous êtes seul responsable de l'entreprise, ce qui offre de l'autonomie, mais implique également une responsabilité illimitée pour les dettes et les obligations.

4.1.2 Micro-entrepreneur (Auto-entrepreneur)

Simplicité et Accès aux Avantages : Le micro-entrepreneur est une option simplifiée pour les entrepreneurs individuels réalisant jusqu'à un certain chiffre d'affaires annuel. Il offre des avantages tels que la simplification de la formalisation, le paiement d'impôts unifié et l'accès à des avantages sociaux, mais présente quelques limitations de chiffre d'affaires.

4.1.3 Société à Responsabilité Limitée (SARL)

Limitation de la Responsabilité : Dans une société à responsabilité limitée, la responsabilité des associés est limitée au montant des parts qu'ils détiennent. Cette forme juridique permet la participation de plusieurs associés, offrant une certaine flexibilité dans la gestion et le partage des responsabilités.

4.1.4 Société à Responsabilité Limitée Unipersonnelle (SARL unipersonnelle)

Responsabilité Limitée pour Entrepreneur Individuel : La SARL unipersonnelle est une option pour les entrepreneurs individuels qui souhaitent limiter leur responsabilité, sans avoir besoin d'associés. Un capital social minimum est requis, et la responsabilité de l'entrepreneur est limitée au patrimoine de l'entreprise.

4.1.5 Société Anonyme (SA)

Capital Ouvert et Fermé : La société anonyme est une structure plus complexe, généralement utilisée dans les entreprises de plus grande envergure. Elle peut être à capital ouvert ou fermé, selon la possibilité d'émission d'actions au grand public.

4.1.6 Coopérative

Collaboration et Participation : Les coopératives sont des organisations dans lesquelles les membres participent activement à la gestion et à la prise de décisions. Elles sont basées sur la collaboration et peuvent être une option pour les prestataires de services qui souhaitent partager des ressources et des avantages.

4.1.7 Choix Conscient et Consultation Professionnelle

L'Importance de l'Orientation Légale : Le choix de la structure juridique doit être une décision consciente et éclairée. Il est fortement recommandé de rechercher une orientation légale pour comprendre les implications spécifiques de chaque option, en tenant compte des caractéristiques de votre entreprise, de vos objectifs et du contexte juridique actuel.

4.1.8 Aspects Fiscaux et Comptables

Planification Fiscale et Comptable : En plus des implications légales, considérez les aspects fiscaux et comptables de chaque forme juridique. Planifier adéquatement ces aspects dès le début est essentiel pour assurer la conformité et optimiser l'efficacité fiscale de votre entreprise.

En comprenant les différentes formes juridiques disponibles, vous pouvez prendre une décision éclairée qui correspond à vos besoins et objectifs spécifiques.

Enregistrements et Licences

4.2 Enregistrement et Licences Nécessaires

En plus de choisir la forme juridique appropriée, l'enregistrement et l'obtention des licences nécessaires sont des étapes cruciales pour établir votre entreprise de services. Ces processus garantissent la légalité des opérations, établissent la base de relations commerciales transparentes et démontrent un engagement envers la conformité réglementaire. Explorons ces éléments essentiels.

4.2.1 Immatriculation au Registre du Commerce

Formalisation de l'Entreprise : L'immatriculation au Registre du Commerce est une étape fondamentale pour formaliser votre entreprise. Ce processus établit l'existence légale de l'entreprise, fournit un numéro SIRET (Système d'Identification du Répertoire des Entreprises et de leurs Établissements) et permet l'émission de factures.

4.2.2 Inscription Municipale

Régularisation Locale : L'inscription municipale est nécessaire pour que l'entreprise soit conforme aux réglementations spécifiques de la municipalité. Cela peut impliquer l'obtention du permis de fonctionnement et le respect des règles de zonage locales.

4.2.3 Licences Sectorielles

Répondre à des Exigences Spécifiques : Dans certains domaines de la prestation de services, des licences sectorielles spécifiques peuvent être nécessaires. Cela s'applique aux secteurs réglementés tels que la santé, le droit, la comptabilité et autres, où la législation exige des certifications ou autorisations supplémentaires.

4.2.4 Licences Environnementales

Attention à la Durabilité : Selon la nature du service, il peut être nécessaire d'obtenir des licences environnementales pour garantir la conformité aux réglementations liées à l'environnement et à la durabilité.

4.2.5 Enregistrement de Marques et Brevets

Protection de la Propriété Intellectuelle : Si votre prestation de services implique la création de produits, de marques ou de processus exclusifs, l'enregistrement de marques et de brevets est essentiel pour protéger votre propriété intellectuelle et éviter d'éventuels conflits juridiques.

4.2.6 Assurance Entreprise

Protection contre les Risques : Obtenir des assurances entreprise est une mesure avisée pour protéger l'entreprise contre divers risques tels que la responsabilité civile, les dommages matériels et autres imprévus qui pourraient survenir dans le cadre des opérations.

4.2.7 Respect des Normes du Travail

Relations de Travail Transparentes : En cas d'embauche d'employés, il est crucial de respecter les normes du travail, de tenir des registres appropriés, d'offrir des conditions de travail sûres et de se conformer aux lois relatives aux salaires et aux avantages sociaux.

4.2.8 Consultation de Professionnels Spécialisés

Orientation Juridique et Comptable : Étant donné la complexité et la variabilité des réglementations, il est fortement recommandé de consulter des professionnels spécialisés tels que des avocats et des comptables pour garantir que toutes les exigences légales soient satisfaites de manière appropriée.

En effectuant l'enregistrement et en obtenant les licences nécessaires, vous établissez les bases d'une entreprise solide et conforme aux lois et règlements applicables.

Planification Financière

4.3 Planification Financière Initiale

Le succès d'une entreprise de services est souvent intrinsèquement lié à une gestion financière solide dès le départ. La planification financière initiale est cruciale pour éviter les surprises désagréables, assurer la durabilité de l'entreprise et fournir une base solide pour la croissance. Dans ce domaine, nous explorerons les principaux aspects de la planification financière initiale.

4.3.1 Établissement du Budget

Estimations et Projections : Démarrez la planification financière en établissant un budget détaillé. Estimez les revenus et les dépenses mensuelles, en tenant compte de tous les coûts opérationnels, des salaires, du marketing et d'autres dépenses associées à l'entreprise.

4.3.2 Capital Initial et Investissement

Évaluation des Besoins : Identifiez la quantité de capital initial nécessaire pour démarrer les opérations. Considérez les investissements dans l'équipement, le marketing, la formation et toute autre dépense initiale. Assurer un investissement adéquat est crucial pour soutenir l'entreprise dans ses premières étapes.

4.3.3 Réserve d'Urgence

Préparation aux Contingences : Établissez une réserve d'urgence pour faire face aux imprévus. Cette réserve fournit un filet de sécurité financière, permettant à l'entreprise de surmonter les défis temporaires sans compromettre son fonctionnement.

4.3.4 Contrôle des Coûts

Efficacité Opérationnelle : Contrôlez rigoureusement les coûts opérationnels. Évaluez la possibilité de réduire les dépenses non essentielles et cherchez des moyens d'optimiser les processus pour garantir une efficacité opérationnelle.

4.3.5 Tarification Appropriée

Équilibre entre Valeur et Compétitivité : Établissez des prix qui non seulement couvrent les coûts, mais génèrent également des profits. Considérez la tarification compétitive, mais assurez-vous que les tarifs pratiqués correspondent à la valeur perçue par les clients.

4.3.6 Gestion de la Trésorerie

Gestion Efficace : Surveillez de près la trésorerie. Une bonne gestion de la trésorerie est essentielle pour garantir que l'entreprise dispose des ressources nécessaires pour fonctionner au quotidien et répondre à ses obligations financières.

4.3.7 Stratégies de Paiement

Termes Clairs avec les Clients et les Fournisseurs : Établissez des termes de paiement clairs avec les clients et les fournisseurs. Cela inclut les politiques de facturation, les délais de paiement et les stratégies pour faire face aux retards de paiement, garantissant une santé financière équilibrée.

4.3.8 Planification Fiscale

Optimisation Fiscale Responsable : Consultez un comptable pour élaborer un plan fiscal efficace. La planification fiscale peut aider à optimiser la charge fiscale de l'entreprise, garantissant la conformité et maximisant les avantages fiscaux disponibles.

4.3.9 Révision Périodique

Adaptation aux Changements : La planification financière n'est pas un processus statique. Effectuez des révisions périodiques pour évaluer les performances financières, ajuster les projections et les stratégies au besoin, et vous assurer que l'entreprise reste résiliente aux changements de l'environnement.

En priorisant la planification financière initiale, vous établirez les bases d'une entreprise solide et durable dans la prestation de services. Dans le prochain chapitre, nous explorerons les stratégies de marketing et de promotion, essentielles pour attirer les clients et accroître la visibilité de votre entreprise.

Chapitre 5

Marketing Personnel

5.1 Construction de la Marque Personnelle Initiale

La construction de la marque personnelle est une pièce maîtresse du puzzle du succès dans la prestation de services. Votre marque personnelle n'est pas seulement une représentation de ce que vous faites, mais aussi une expression authentique de qui vous êtes en tant que professionnel. Dans ce premier sujet, nous explorerons des stratégies pour construire une marque personnelle initiale solide et authentique.

5.1.1 Connaissance de Soi et Identité Professionnelle

Réflexion sur les Compétences et les Valeurs : Avant de commencer à construire votre marque personnelle, il est crucial de réfléchir profondément à vos compétences, vos valeurs et vos objectifs professionnels. Identifiez ce qui vous rend unique et quels aspects de votre personnalité peuvent être mis en avant pour créer une connexion authentique avec votre public cible.

5.1.2 Définition des Objectifs

Objectifs Clairs et Mesurables : Établissez des objectifs clairs pour votre marque personnelle. Ces objectifs peuvent inclure l'acquisition de certains clients, l'entrée sur un marché spécifique ou la reconnaissance en tant qu'expert dans votre domaine. Des objectifs bien définis guideront vos stratégies de construction de marque.

5.1.3 Identité Visuelle

Consistance et Professionnalisme : L'identité visuelle est une partie vitale de la construction de la marque. Développez un logo et utilisez des couleurs et des polices cohérentes dans vos supports marketing, votre CV et votre présence en ligne. Une identité visuelle cohérente transmet du professionnalisme et aide à mémoriser votre marque.

5.1.4 Présence en Ligne

Site Web et Réseaux Sociaux : Créez un site web professionnel qui serve de hub central à votre présence en ligne. De plus, soyez actif sur les réseaux sociaux pertinents pour votre secteur. Partagez du contenu de valeur, connectez-vous avec d'autres professionnels et participez à des discussions pour augmenter votre visibilité.

5.1.5 Contenu de Qualité

Démonstration de Connaissances : Produisez et partagez du contenu pertinent et de qualité. Cela peut inclure des blogs, des articles, des vidéos ou des podcasts qui démontrent votre expertise dans le domaine. Le contenu de qualité aide à établir votre autorité et attire l'attention de clients potentiels et de partenaires.

5.1.6 Témoignages et Recommandations

Validation Sociale : Sollicitez et affichez les témoignages et recommandations de clients satisfaits. Ces validations sociales sont cruciales pour établir la confiance des futurs clients, en mettant en avant vos compétences et la qualité de votre travail.

5.1.7 Réseautage

Relations Professionnelles : Participez à des événements de votre secteur, des conférences et des rencontres de réseautage. Établissez des liens authentiques avec d'autres professionnels, des clients potentiels et des influenceurs de l'industrie. Le réseautage est un outil puissant dans la construction de votre marque personnelle.

5.1.8 Développement Continu

Amélioration Professionnelle Continue : Montrez votre engagement envers l'amélioration continue. Restez toujours informé des dernières tendances de l'industrie, participez à des cours et des ateliers pertinents et partagez vos réalisations professionnelles sur votre plateforme.

En construisant votre marque personnelle initiale avec authenticité et stratégie, vous créez une base solide pour attirer l'attention et la confiance de votre public cible. Dans le prochain sujet, nous explorerons des stratégies de marketing plus spécifiques pour promouvoir vos services de manière efficace.

Stratégies Marketing

5.2 Stratégies Marketing Efficaces

En plus de la construction de la marque personnelle, il est essentiel de mettre en œuvre des stratégies marketing efficaces pour promouvoir vos services et atteindre votre public cible. Dans ce sujet, nous explorerons quelques stratégies pratiques pour accroître la visibilité de votre entreprise dans la prestation de services.

5.2.1 Marketing de Contenu

Production Régulière et Pertinente : Le marketing de contenu reste l'une des stratégies les plus puissantes. Produisez régulièrement du contenu pertinent pour votre public, tel que des blogs, des vidéos, des infographies ou des webinaires. Cela démontre non seulement votre expertise, mais attire également et retient l'attention de votre public.

5.2.2 SEO (Optimisation pour les Moteurs de Recherche)

Visibilité en Ligne : Optimisez votre site web et votre contenu pour les moteurs de recherche. Utilisez des mots-clés pertinents pour votre domaine d'activité et élaborez une solide stratégie de référencement pour augmenter votre visibilité en ligne, facilitant ainsi la découverte par de potentiels clients.

5.2.3 Marketing des Médias Sociaux

Engagement et Partage : Utilisez les plateformes de médias sociaux de manière stratégique.

Participez à des conversations pertinentes, partagez votre contenu, interagissez avec votre public et utilisez des publicités ciblées. Le marketing des médias sociaux est un outil puissant pour construire des relations et accroître l'exposition.

5.2.4 E-mail Marketing

Communication Directe et Personnalisée : Constituez une liste d'adresses e-mail et mettez en place des stratégies d'e-mail marketing. Envoyez des newsletters, des mises à jour de services et du contenu exclusif directement dans la boîte de réception de votre public. L'e-mail marketing permet une communication plus directe et personnalisée.

5.2.5 Partenariats Stratégiques

Collaborations Bénéfiques : Établissez des partenariats stratégiques avec d'autres professionnels ou entreprises apparentées. Cela peut inclure la co-organisation d'événements, le partage de contenu ou des programmes de recommandation. Les partenariats peuvent étendre votre portée et attirer de nouvelles opportunités commerciales.

5.2.6 Événements et Webinaires

Présence et Éducation : Participez à des événements sectoriels, des conférences ou animez des webinaires. Ces activités augmentent non seulement votre présence sur le marché, mais offrent également des opportunités pour éduquer votre public sur vos services et compétences.

5.2.7 Promotions et Réductions Stratégiques

Attractifs pour les Nouveaux Clients : Envisagez des promotions ou des réductions stratégiques pour attirer de nouveaux clients. Cela peut être particulièrement efficace au début de votre activité, encourageant l'expérimentation et la fidélisation.

5.2.8 Surveillance et Analyse des Résultats

Adaptation Continue : Mettez en place des outils d'analyse pour suivre les performances de vos stratégies marketing. Soyez prêt à adapter vos approches en fonction des données et des métriques, optimisant ainsi continuellement vos campagnes.

En intégrant ces stratégies marketing efficaces, vous créez un environnement propice à la croissance de votre entreprise dans la prestation de services.

Utilisation des Réseaux Sociaux

5.3 Utilisation des Réseaux Sociaux

Les réseaux sociaux jouent un rôle crucial dans le marketing personnel et la promotion efficace des services offerts. Dans ce sujet, nous explorerons des stratégies spécifiques pour utiliser les réseaux sociaux de manière efficace, maximisant ainsi la portée et l'interaction avec votre public cible.

5.3.1 Choix Stratégique des Plates-formes

Identification du Public Cible : Sélectionnez les plates-formes de réseaux sociaux en fonction de votre public cible. Comprenez où votre public est le plus actif et adaptez vos stratégies à ces plates-formes. Par exemple, LinkedIn peut être plus efficace pour les services professionnels, tandis que Instagram peut être idéal pour le contenu visuel.

5.3.2 Création d'un Profil Professionnel

Présentation Coordonnée et Professionnelle : Optimisez vos profils sur les réseaux sociaux pour refléter une image professionnelle. Cela inclut l'utilisation d'une photo de profil professionnelle, d'une biographie concise et d'informations pertinentes sur vos services. Assurez-vous d'avoir une cohérence visuelle et de messages sur toutes les plates-formes.

5.3.3 Contenu Pertinent et Engageant

Partage de Valeur : Produisez et partagez du contenu pertinent pour votre public cible. Cela peut inclure des conseils, des idées de l'industrie, des études de cas ou même des coulisses de votre travail. Le contenu engageant crée des liens plus profonds et démontre votre expertise dans le domaine.

5.3.4 Fréquence et Cohérence

Maintien de la Présence en Ligne : Maintenez une présence en ligne cohérente. Publiez régulièrement, interagissez avec les commentaires et les messages, et restez informé des dernières tendances et actualités pertinentes pour votre secteur. La cohérence contribue à construire et à maintenir l'intérêt de votre public.

5.3.5 Utilisation de Supports Visuels

Attraction Visuelle : Profitez des supports visuels, tels que les images et les vidéos, pour rendre vos publications plus attractives. Les supports visuels ont plus de chances d'être partagés et retenus par les utilisateurs, ce qui élargit la portée de vos messages.

5.3.6 Participation aux Groupes et Communautés

Engagement au-delà du Profil Personnel : Participez activement aux groupes et aux communautés pertinentes. En plus de promouvoir vos services sur votre profil personnel, la participation à des groupes offre une opportunité de construire des relations, de partager des connaissances et d'élargir votre réseau de contacts.

5.3.7 Annonces Ciblées

Ciblage Spécifique : Envisagez d'utiliser des annonces ciblées pour élargir la portée de vos messages. Les plates-formes de réseaux sociaux offrent des outils de ciblage puissants, vous permettant d'atteindre un public spécifique avec une plus grande précision.

5.3.8 Analyse des Métriques et des Retours

Amélioration Continue : Analysez régulièrement les métriques de performance sur les réseaux sociaux. Comprenez ce qui fonctionne, quels types de contenu génèrent le plus d'interactions et adaptez vos stratégies en fonction des retours et des analyses.

En utilisant les réseaux sociaux de manière stratégique, vous pouvez créer une présence en ligne solide, construire des relations significatives et promouvoir efficacement vos services. Dans le prochain chapitre, nous explorerons les pratiques essentielles de service client pour garantir la satisfaction et la fidélisation des clients.

Chapitre 6

Gestion des Clients

6.1 Établissement d'une Relation Professionnelle

La base d'une entreprise réussie dans la prestation de services réside dans la capacité à construire et à entretenir des relations professionnelles solides avec les clients. Dans ce premier sujet, nous explorerons des stratégies pour établir une relation professionnelle dès le début, favorisant ainsi la confiance et la satisfaction du client.

6.1.1 Compréhension Profonde des Besoins du Client

Entretiens et Diagnostics Initiaux : Avant de commencer tout projet, menez des entretiens détaillés et des diagnostics pour comprendre les besoins spécifiques du client. Démontrer un intérêt sincère pour comprendre les objectifs et les défis du client établit une base solide pour la collaboration.

6.1.2 Transparence sur les Processus et les Attentes

Communication Claire dès le Début : Établissez une communication claire sur les processus, les délais et les attentes dès le début de la relation. Cela évite les malentendus futurs et offre au client une vision transparente de ce à quoi s'attendre en travaillant avec vous.

6.1.3 Contrats Détaillés et Accords Écrits

Documentation Formelle : Rédigez des contrats détaillés couvrant tous les aspects du service à fournir. Cela inclut le périmètre du projet, les délais, les honoraires, les modalités de paiement et toute autre information pertinente. Avoir des accords écrits aide à éviter les conflits et offre une sécurité pour les deux parties.

6.1.4 Définition d'Objectifs et d'Indicateurs de Performance

Établissement de Jalons Mesurables : Avec le client, définissez des objectifs clairs et des indicateurs de performance pouvant être mesurés tout au long du projet. Cela aligne non seulement les attentes, mais fournit également un cadre pour évaluer le succès et apporter des ajustements si nécessaire.

6.1.5 Communication Proactive

Mises à Jour Régulières et Feedback : Maintenez une communication proactive avec le client. Fournissez des mises à jour régulières sur l'avancement du projet, discutez de tout défi qui pourrait survenir et soyez ouvert au feedback du client. Une communication constante renforce la confiance et rassure le client sur l'avancement du travail.

6.1.6 Personnalisation du Service

Compréhension des Préférences Individuelles : Adaptez votre service aux préférences individuelles de chaque client. Certains clients préfèrent une communication plus fréquente, tandis que d'autres apprécient des mises à jour plus consolidées. Connaissez les préférences pour offrir un service plus personnalisé.

6.1.7 Résolution Proactive des Problèmes

Anticipation et Résolution Rapide : Anticipez les problèmes potentiels et soyez prêt à résoudre les défis rapidement. Une approche proactive dans la résolution de problèmes démontre l'engagement et renforce la confiance du client dans votre capacité à gérer les situations difficiles.

6.1.8 Après-Service et Feedback Post-Projet

Évaluation et Amélioration Continue : Après la fin du service, demandez un feedback au client. Analysez les points positifs et les domaines à améliorer. De plus, soyez ouvert aux discussions sur les projets futurs et sur l'évolution du partenariat.

En établissant une relation professionnelle solide dès le début, vous posez les bases d'une collaboration réussie et d'une satisfaction client durable.

Communication

6.2 Communication Efficace

La communication est l'épine dorsale d'une gestion de client réussie. Dans ce sujet, nous explorerons des stratégies pour assurer une communication efficace tout au long du cycle de prestation de services, favorisant la compréhension mutuelle et renforçant la relation avec le client.

6.2.1 Écoute Active

Compréhension Profonde des Besoins : Pratiquez l'écoute active dans toutes les interactions avec le client. Soyez pleinement présent, posez des questions éclairantes et montrez un intérêt sincère pour les préoccupations et attentes du client. L'écoute active construit une base solide pour une communication efficace.

6.2.2 Communication Claire et Concise

Éviter les Ambiguïtés et les Malentendus : Priorisez la clarté et la concision dans toutes les communications. Évitez les jargons complexes et fournissez des informations de manière directe. Cela réduit la probabilité de malentendus et assure que toutes les parties sont alignées.

6.2.3 Utilisation de Divers Canaux de Communication

Adaptation au Style Préféré du Client : Reconnaissez que chaque client peut avoir des préférences de communication différentes.

Certains peuvent préférer des e-mails détaillés, tandis que d'autres peuvent trouver plus efficace un appel téléphonique ou une réunion en personne. Adaptez-vous aux styles préférés du client pour optimiser la communication.

6.2.4 Calendrier des Réunions Régulières

Maintien des Lignes de Communication Ouvertes : Établissez un calendrier des réunions régulières avec le client. Cela offre un forum dédié pour les discussions, les mises à jour et la résolution de problèmes. Les réunions régulières maintiennent les lignes de communication ouvertes et démontrent l'engagement envers le succès du projet.

6.2.5 Mises à Jour de Statut Transparentes

Transparence sur le Progrès : Fournissez des mises à jour de statut transparentes sur l'avancement du projet. Cela informe non seulement le client des réalisations, mais permet également des ajustements proactifs en cas de défis ou de changements de périmètre.

6.2.6 Réponse Rapide aux Communications du Client

Agilité dans la Réponse : Faites preuve d'agilité en répondant rapidement aux communications du client. Des réponses rapides véhiculent du professionnalisme et montrent que le client est une priorité. Même si vous n'avez pas de réponse définitive, informez le client que vous travaillez sur la question.

6.2.7 Rapports de Performance Clairs

Transparence sur les Résultats : Présentez des rapports de performance clairs et compréhensibles. Mettez en avant les principaux jalons atteints, les métriques clés et les domaines d'amélioration. Les rapports de performance fournissent une vision objective de la valeur apportée au client.

6.2.8 Respect des Canaux de Feedback

Accueil des Avis et Suggestions : Encouragez activement le feedback du client et montrez du respect pour ses avis et suggestions. Utilisez le feedback pour ajuster vos pratiques et améliorer continuellement la qualité du service offert.

En adoptant des stratégies de communication efficace, vous favorisez la compréhension mutuelle et renforcez également la confiance et la satisfaction du client. Dans le prochain sujet, nous explorerons des stratégies pour faire face aux situations difficiles et résoudre les conflits de manière constructive dans la gestion des clients.

Résolution des Conflits

6.3 Résolution des Conflits

La gestion des clients peut impliquer des défis et des conflits qui nécessitent une approche prudente pour préserver la relation et atteindre des solutions constructives. Dans ce sujet, nous explorerons des stratégies efficaces pour gérer les conflits de manière proactive, favorisant la résolution et le renforcement du partenariat.

6.3.1 Approche Proactive

Identification Anticipée des Signes de Conflit : Développez la capacité à identifier les signaux précoces de conflit. Soyez attentif aux changements de ton de communication, aux retards inattendus ou à tout signe de mécontentement de la part du client. Aborder les problèmes avant qu'ils ne deviennent des crises est fondamental.

6.3.2 Écoute Empathique

Compréhension Profonde des Préoccupations : Lorsqu'un conflit survient, pratiquez l'écoute empathique. Permettez au client de partager ses préoccupations et ses sentiments, en faisant preuve de compréhension et d'empathie. Cela crée un environnement propice à une résolution constructive.

6.3.3 Communication Transparente

Clarté dans l'Exposition des Points de Vue : Communiquez de manière claire et transparente sur votre point de vue et vos intentions. Une communication ouverte aide à dissiper les malentendus et établit une base pour la résolution du conflit.

6.3.4 Identification d'Intérêts Communs

Focus sur des Solutions Bénéfiques pour les Deux Parties : En explorant des solutions, identifiez les intérêts communs. Recherchez des alternatives bénéfiques pour les deux parties, démontrant une approche collaborative dans la résolution du conflit.

6.3.5 Développement de Solutions Créatives

Pensée "Out of the Box" : Soyez ouvert à des solutions créatives qui peuvent résoudre le conflit de manière innovante. Parfois, une approche non conventionnelle peut conduire à des résultats bénéfiques pour les deux parties.

6.3.6 Médiation Externe

Implication de Tiers Impartiaux : Si le conflit persiste, envisagez d'impliquer un médiateur externe. Il peut s'agir d'un professionnel spécialisé dans la résolution de conflits qui agit de manière impartiale, facilitant la communication et la recherche de solutions équitables.

6.3.7 Engagement envers l'Amélioration Continue

Apprentissage à Partir des Conflits : Considérez les conflits comme des opportunités d'apprentissage. Évaluez chaque situation de conflit pour identifier les domaines d'amélioration du processus, de la communication ou des procédures internes.

6.3.8 Documentation Adéquate

Enregistrement des Accords et des Solutions : Après la résolution du conflit, documentez correctement les accords conclus. Cela fournit une référence claire pour les deux parties et aide à éviter de futurs malentendus.

6.3.9 Évaluation Post-Conflit

Vérification de l'Effetivité des Solutions : Effectuez des évaluations post-conflit pour vous assurer que les solutions mises en œuvre sont efficaces. Si nécessaire, apportez des ajustements pour améliorer continuellement les processus et prévenir les récidives.

En adoptant des stratégies efficaces de résolution des conflits, vous transformez les défis potentiels en opportunités de renforcer la relation avec le client. Dans le prochain chapitre, nous explorerons des stratégies pour améliorer continuellement vos services, garantissant l'excellence dans la prestation de services aux clients.

Chapitre 7

Prestation de Services

7.1 Bonnes Pratiques

Une prestation de service efficace ne se résume pas seulement à la livraison du produit final, mais aussi à l'expérience globale du client. Dans ce premier sujet, nous explorerons les bonnes pratiques essentielles qui contribuent à une prestation de service exceptionnelle, renforçant la satisfaction du client et la réputation de votre entreprise.

7.1.1 Compréhension Profonde des Besoins

Diagnostic Approfondi : Avant de commencer tout projet ou service, prenez le temps de comprendre profondément les besoins et attentes du client. Réalisez des entretiens détaillés, posez des questions éclairantes et assurez-vous que toutes les parties ont une compréhension claire de l'ampleur du travail.

7.1.2 Communication Transparente

Mises à Jour Régulières et Éclaircissements : Maintenez une communication transparente tout au long du projet. Fournissez régulièrement des mises à jour sur l'avancement, clarifiez rapidement les doutes et soyez ouvert aux discussions. La transparence construit la confiance et rassure le client sur l'avancement du service.

7.1.3 Respect des Délais

Gestion Efficace du Temps : Respecter les délais est crucial pour la satisfaction du client. Adoptez des pratiques efficaces de gestion du temps, fixez des délais réalistes et, si nécessaire, communiquez proactivement tout retard, en fournissant des explications et des solutions.

7.1.4 Personnalisation du Service

Adaptation aux Préférences Individuelles : Reconnaissez que chaque client est unique. Adaptez le service en fonction des préférences individuelles, en tenant compte des styles de communication, des attentes et des besoins spécifiques de chaque client. La personnalisation démontre un engagement authentique envers la satisfaction du client.

7.1.5 Résolution Proactive des Problèmes

Anticipation et Résolution Rapide : Anticipez les problèmes potentiels et soyez prêt à les résoudre rapidement. Une approche proactive dans la résolution des problèmes démontre un engagement et renforce la confiance du client dans votre capacité à gérer les défis.

7.1.6 Qualité Consistente

Normes Élevées à Chaque Étape : Maintenez des normes élevées de qualité à chaque étape du service. Du plan à la livraison finale, assurez-vous que chaque aspect du service répond ou dépasse les attentes du client. La cohérence dans la qualité construit une réputation solide.

7.1.7 Service Client Exceptionnel

Courtoisie et Professionnalisme : Offrez un service client exceptionnel à chaque interaction. Soyez courtois, professionnel et prêt à traiter efficacement les questions ou préoccupations. Le service client est une extension de votre service et peut influencer significativement l'expérience du client.

7.1.8 Feedback Continu

Demande et Application du Feedback : Demandez régulièrement des retours d'information au client et utilisez ces informations pour améliorer continuellement vos services. L'ouverture au feedback démontre un engagement envers l'amélioration continue et permet des ajustements en fonction des besoins du client.

7.1.9 Valeur Ajoutée

Au-delà des Attentes : Recherchez des opportunités pour ajouter de la valeur au service. Cela peut inclure l'offre d'informations supplémentaires, de ressources complémentaires ou de solutions innovantes qui dépassent les attentes du client. La valeur ajoutée renforce la perception positive du client sur le service reçu.

En incorporant ces bonnes pratiques dans la prestation de services, vous répondez aux besoins du client et construisez également des relations durables tout en établissant une réputation positive sur le marché.

Gestion de Projets

7.2 Gestion de Projets

La gestion de projets est un élément essentiel pour la prestation de services efficace. Dans ce sujet, nous explorerons les stratégies et les bonnes pratiques essentielles pour garantir une gestion de projets efficiente, de la planification à la livraison, contribuant ainsi au succès du service fourni.

7.2.1 Planification Détaillée

Structuration Claire du Projet : Avant de commencer tout projet, consacrez du temps à une planification détaillée. Définissez clairement les objectifs, le périmètre, les ressources nécessaires, les délais et les étapes du projet. Une planification structurée sert de base à une exécution efficace.

7.2.2 Équipe Compétente et Motivée

Sélection Attentionnée des Collaborateurs : Constituez une équipe compétente et motivée pour le projet. Évaluez les compétences nécessaires et attribuez des tâches en fonction des compétences individuelles. Tenez l'équipe informée des objectifs et de l'impact du projet pour maintenir la motivation.

7.2.3 Définition Claire des Responsabilités

Attributions Précises : Chaque membre de l'équipe doit avoir des responsabilités définies et comprendre son rôle dans le projet. La clarté des attributions évite les confusions, améliore l'efficacité et permet un suivi plus précis de la progression.

7.2.4 Communication Efficace

Canaux Clairs et Fréquence Appropriée : Établissez des canaux de communication efficaces et déterminez la fréquence des mises à jour. Une communication claire entre l'équipe et le client est essentielle pour tenir tout le monde informé de l'état d'avancement du projet et de tout changement.

7.2.5 Suivi Continu de la Progression

Évaluation Régulière des Jalons : Surveillez continuellement la progression du projet par rapport aux jalons établis. En cas d'écart, ajustez le plan si nécessaire. Le suivi régulier aide à anticiper les problèmes potentiels et à maintenir le projet sur la bonne voie.

7.2.6 Adaptation aux Changements

Flexibilité et Résilience : Soyez prêt à faire face aux changements dans le périmètre, les délais ou les exigences du projet. La flexibilité et la résilience sont essentielles pour s'adapter aux demandes en évolution et maintenir la livraison dans les attentes.

7.2.7 Gestion des Risques

Identification Anticipée et Atténuation : Identifiez de manière proactive les risques potentiels du projet et développez des plans d'atténuation. La gestion des risques aide à anticiper les défis et à mettre en œuvre des mesures préventives pour éviter les impacts négatifs.

7.2.8 Évaluation Après-Projet

Analyse des Leçons Apprises : Après la conclusion du projet, menez une évaluation après-projet. Identifiez ce qui a bien fonctionné, les domaines d'amélioration et les leçons apprises. Utilisez ces informations pour améliorer vos processus et approches dans les projets futurs.

7.2.9 Livraison et Évaluation des Résultats

Conclusion Efficace et Évaluation des Résultats : À la fin du projet, assurez-vous de livrer les résultats comme convenu. De plus, évaluez avec le client la satisfaction du service rendu. L'évaluation post-livraison est précieuse pour comprendre les perceptions du client et identifier les opportunités d'amélioration.

En incorporant des pratiques efficaces de gestion de projets, vous garantissez la livraison réussie de services, en répondant aux attentes du client et en maintenant un haut niveau de qualité. Dans le prochain sujet, nous explorerons les stratégies pour cultiver la fidélité du client et encourager le retour continu des clients à votre entreprise.

Qualité du Service

7.3 Qualité du Service

La qualité du service joue un rôle crucial dans la construction de relations solides avec les clients. Dans ce sujet, nous explorerons les stratégies et les bonnes pratiques essentielles pour garantir un service de haute qualité, promouvant la satisfaction du client et renforçant la réputation de votre entreprise.

7.3.1 Empathie et Compréhension

Se Mettre à la Place du Client : Faire preuve d'empathie est essentiel pour offrir un service de qualité. Mettez-vous à la place du client, comprenez ses besoins et préoccupations, et montrez un intérêt sincère pour résoudre ses problèmes.

7.3.2 Rapidité et Efficacité

Réponses Rapides et Solutions Efficaces : Priorisez la rapidité des réponses et l'efficacité dans la résolution des problèmes. Les clients apprécient la réactivité du service, et résoudre les problèmes de manière efficace contribue à une expérience positive.

7.3.3 Communication Claire et Respectueuse

Expression Transparente des Idées : Maintenez une communication claire et respectueuse dans toutes les interactions. Évitez les jargons compliqués, expliquez les informations de manière compréhensible et traitez le client avec courtoisie.

Une communication transparente construit la confiance.

7.3.4 Personnalisation du Service

Adaptation aux Préférences Individuelles : Reconnaissez les préférences individuelles de chaque client. Certains peuvent préférer la communication par e-mail, tandis que d'autres peuvent préférer un appel téléphonique. Personnalisez le service en fonction des besoins et préférences du client.

7.3.5 Formation Continue de l'Équipe

Mise à Jour des Compétences et des Connaissances : Maintenez votre équipe continuellement formée et à jour sur les compétences en matière de service client. Cela inclut le développement de compétences en communication, résolution de problèmes et une compréhension approfondie des services offerts.

7.3.6 Feedback Positif et Constructif

Reconnaissance et Opportunités d'Amélioration : Fournissez régulièrement des feedbacks à l'équipe, en reconnaissant les pratiques positives et en offrant des conseils constructifs pour l'amélioration. Le feedback est un outil précieux pour motiver l'équipe et améliorer la qualité du service.

7.3.7 Suivi Après-Vente

Suivi Après Service : Après la conclusion du service, effectuez un suivi après-vente pour assurer la satisfaction continue du client. Soyez disponible pour répondre à d'autres questions et montrez que la relation va au-delà de la fin du projet.

7.3.8 Résolution Proactive des Problèmes

Anticipation et Résolution Rapide : Anticipez les problèmes potentiels et soyez prêt à les résoudre rapidement. Une approche proactive dans la résolution des problèmes démontre un engagement et renforce la confiance du client dans votre capacité à gérer les défis.

7.3.9 Évaluation Continue de la Satisfaction du Client

Demande et Analyse du Feedback : Demandez régulièrement des retours d'information aux clients sur le service reçu. Analysez ces informations pour identifier les domaines d'amélioration et ajuster les stratégies si nécessaire.

En adoptant des pratiques efficaces pour la qualité du service, vous ne répondez pas seulement aux attentes des clients, mais vous construisez également une réputation solide et favorisez la fidélité du client.

Chapitre 8

Aspects Légaux et Contractuels

8.1 Elaboration de Contrats

L'élaboration de contrats est une partie cruciale de la prestation de services, garantissant la clarté et la sécurité pour toutes les parties impliquées. Dans ce premier sujet, nous explorerons les meilleures pratiques dans l'élaboration de contrats pour protéger vos intérêts, établir des attentes claires et promouvoir des relations commerciales saines.

8.1.1 Définition Précise des Services

Portée Détaillée du Travail : Commencez le contrat en définissant de manière précise et détaillée les services à fournir. Spécifiez la portée du travail, les objectifs à atteindre et toute livraison spécifique attendue. Cela fournit une compréhension claire de ce qui est inclus dans le service.

8.1.2 Conditions de Paiement et Honoraires

Termes Financiers Transparent : Établissez clairement les conditions de paiement, y compris les délais et les méthodes de paiement acceptables. De plus, spécifiez les honoraires pour les services rendus. La transparence dans ces domaines évite les malentendus et établit des attentes financières claires.

8.1.3 Délais et Planning

Établissement de Limites Temporelles : Incluez des délais et un planning dans le contrat pour chaque phase du projet. Cela guide non seulement le client sur les attentes en termes de temps, mais fournit également un moyen d'évaluer les performances du service au fil du temps.

8.1.4 Responsabilités et Devoirs

Attributions Claires pour les Deux Parties : Détaillez les responsabilités et les devoirs des deux parties impliquées dans le contrat. Cela inclut non seulement les obligations du prestataire de services, mais aussi les responsabilités du client, garantissant une collaboration efficace.

8.1.5 Clauses de Résiliation

Procédures en Cas d'Annulation : Incluez des clauses de résiliation définissant les procédures en cas d'annulation du contrat par les deux parties. Cela aide à protéger les intérêts des deux parties dans des situations imprévues.

8.1.6 Propriété Intellectuelle

Accord sur la Propriété des Travaux Réalisés : Spécifiez clairement les questions liées à la propriété intellectuelle dans le contrat. S'il y a création de propriété intellectuelle pendant la prestation de services, déterminez qui détient les droits et comment ils peuvent être utilisés.

8.1.7 Clauses de Confidentialité

Protection des Informations Sensibles : Incluez des clauses de confidentialité pour protéger les informations sensibles partagées pendant la prestation de services. Ces clauses contribuent à garantir la sécurité et la confidentialité des informations commerciales.

8.1.8 Mécanismes de Résolution de Conflits

Procédures en Cas de Conflits : Anticipez les conflits potentiels en incluant des mécanismes de résolution de conflits dans le contrat. Cela peut inclure la médiation ou l'arbitrage, offrant une approche plus rapide et efficace que les litiges judiciaires.

8.1.9 Révision Légale

Consultation de Professionnels du Droit : Avant la signature du contrat, il est recommandé de le faire réviser par des professionnels du droit. Cela garantit que le contrat est conforme aux lois applicables et protège les deux parties contre d'éventuelles complications légales.

8.1.10 Mises à Jour Contractuelles

Flexibilité pour les Changements : Incluez des clauses permettant des mises à jour contractuelles si nécessaire. Cela offre une flexibilité pour ajuster le contrat en cas de changements de circonstances ou de portée du service.

En suivant ces pratiques dans l'élaboration de contrats, vous établissez une base solide pour une prestation de services juridiquement sûre et transparente. Dans le prochain sujet, nous explorerons d'autres considérations légales et réglementaires pouvant avoir un impact sur la prestation de services.

Droits et Devoirs

8.2 Droits et Devoirs du Prestataire de Services

L'établissement clair des droits et devoirs du prestataire de services est fondamental pour garantir la transparence, la conformité légale et des relations commerciales saines. Dans ce sujet, nous explorerons les principaux éléments à prendre en compte lors de la définition des droits et devoirs du prestataire de services dans les contrats.

8.2.1 Respect du Périmètre Agreed

Livraison Conformément aux Termes Établis : Il est du devoir fondamental du prestataire de services de respecter le périmètre convenu dans le contrat. Cela inclut la fourniture de services selon les spécifications, les délais et la qualité convenus, garantissant que le client reçoive ce qui a été contracté.

8.2.2 Compétence Professionnelle

Maintien de Normes de Compétence : Le prestataire de services a le droit et le devoir d'exécuter les tâches contractées avec compétence professionnelle. Cela implique de rester à jour avec les meilleures pratiques de l'industrie, d'utiliser des compétences et des connaissances spécialisées et de viser l'excellence dans la livraison.

8.2.3 Protection de la Propriété Intellectuelle

Respect des Droits de Propriété Intellectuelle : Le prestataire de services doit respecter les droits de propriété intellectuelle, en veillant à ce qu'il n'y ait pas de violation de brevets, de droits d'auteur ou d'autres propriétés intellectuelles. Si le contrat implique la création de nouveaux matériaux, il est essentiel de déterminer clairement qui détient les droits.

8.2.4 Maintien de la Confidentialité

Préservation des Informations Sensibles : Le prestataire de services assume généralement le devoir de maintenir la confidentialité des informations sensibles du client. Cet engagement vise à protéger les données commerciales, les stratégies et autres éléments confidentiels pouvant être partagés pendant la prestation de services.

8.2.5 Communication Transparente

Devoir de Communiquer de Manière Transparente : Le prestataire de services a le devoir de maintenir une communication transparente avec le client. Cela inclut le rapport sur l'avancement des travaux, l'information sur les défis rencontrés et la fourniture de mises à jour régulières pour s'assurer que le client est bien informé de l'état du service.

8.2.6 Résolution des Problèmes

Approche Proactive dans la Résolution des Défis : Face à des défis ou des problèmes pendant la prestation de services, le prestataire a le devoir de les aborder de manière proactive. Cela inclut l'identification anticipée des obstacles potentiels, la communication transparente sur ces défis et la recherche de solutions efficaces en collaboration avec le client.

8.2.7 Droit à la Rémunération

Compensation pour les Services Rendus : Le prestataire de services a le droit à une rémunération pour les services rendus, comme convenu dans le contrat. Ce droit inclut le paiement des honoraires, des dépenses convenues et toute autre forme de compensation stipulée dans le contrat.

8.2.8 Respect des Lois et Réglementations

Conformité avec la Législation Applicable : Le prestataire de services a le devoir de respecter toutes les lois et réglementations pertinentes dans son domaine d'activité. Cela inclut les questions fiscales, les réglementations spécifiques de l'industrie et autres exigences légales applicables au service fourni.

8.2.9 Résiliation Contractuelle

Droit et Devoir de Résiliation : Les deux parties, y compris le prestataire de services, ont le droit de résilier le contrat dans certaines conditions. Ce droit doit être exercé conformément aux clauses de résiliation convenues dans le contrat, y compris la notification et les procédures appropriées.

Résolution des Litiges

8.3 Résolution des Litiges

La possibilité de litiges est une réalité dans les affaires, mais des stratégies appropriées de résolution peuvent minimiser les impacts négatifs et préserver les relations. Dans ce sujet, nous explorerons les meilleures pratiques pour une résolution efficace des litiges, garantissant que les conflits soient traités de manière juste et efficiente.

8.3.1 Clauses de Résolution des Conflits

Inclusion de Mécanismes Alternatifs : Dans le contrat, incluez des clauses établissant des mécanismes alternatifs de résolution des conflits, tels que la médiation ou l'arbitrage. Ces méthodes offrent une approche plus rapide et moins adversaire que les litiges judiciaires traditionnels.

8.3.2 Négociation de Bonne Foi

Recherche de Solutions Mutuellement Acceptables : Lorsqu'un conflit survient, favorisez la négociation de bonne foi entre les parties. Encouragez la recherche de solutions mutuellement acceptables, en privilégiant le dialogue et la collaboration plutôt qu'une approche antagoniste.

8.3.3 Médiation

Implication de Tiers Impartiaux : La médiation implique la présence d'un tiers impartial qui facilite la communication entre les parties et aide à trouver un accord. Considérez la médiation comme une option avant de recourir à des procédures légales plus formelles.

8.3.4 Arbitrage

Décision d'un Arbitre Indépendant : L'arbitrage implique un arbitre indépendant qui rend une décision contraignante sur le litige. Il s'agit d'une alternative au litige judiciaire et peut offrir une solution plus rapide et plus efficace.

8.3.5 Litige Judiciaire

Dernier Recours : Le litige judiciaire est le dernier recours et est généralement plus long et coûteux. Cependant, dans certains cas, il peut être la seule option. Assurez-vous que les clauses contractuelles relatives au litige judiciaire soient claires et détaillées.

8.3.6 Évaluation des Risques et Coûts

Analyse Préalable à la Prise de Décision : Avant de choisir une méthode de résolution des litiges, évaluez attentivement les risques et les coûts associés à chaque option. Considérez des facteurs tels que le temps, les frais juridiques et l'impact potentiel sur les relations commerciales.

8.3.7 Conformité aux Clauses Contractuelles

Garantie de Conformité aux Dispositions Contractuelles : Les deux parties doivent respecter les clauses contractuelles relatives à la résolution des litiges. Cela inclut le suivi des procédures établies dans le contrat pour résoudre les litiges, garantissant que les deux parties soient traitées équitablement.

8.3.8 Professionnels Juridiques Spécialisés

Consultation d'Avocats Spécialisés : En cas de litige, demander l'avis d'avocats spécialisés en résolution des litiges ou dans le domaine spécifique du contrat peut être crucial. Les professionnels juridiques spécialisés peuvent offrir des informations précieuses et une représentation efficace.

8.3.9 Documentation Adéquate

Enregistrement Détaillé des Événements : Gardez une documentation détaillée de tous les événements liés au litige. Cela peut inclure des communications, des contrats, des comptes rendus de réunions et toute correspondance pertinente. La documentation adéquate renforce la position des deux parties dans toute méthode de résolution choisie.

8.3.10 Préservation de la Relation

Priorité à la Relation Commerciale : Même en cas de litige, cherchez à préserver la relation commerciale autant que possible. La résolution des litiges ne doit pas seulement être une question de gagner ou de perdre, mais aussi de maintenir des relations professionnelles qui peuvent être précieuses à l'avenir.

En adoptant des stratégies efficaces de résolution des litiges, vous atténuerez l'impact négatif de ces situations et préserverez l'intégrité de votre entreprise.

Chapitre 9

Outils et Ressources Utiles

9.1 Logiciels et Applications de Gestion

Une gestion efficace est essentielle pour le succès dans la prestation de services. Dans ce premier sujet, nous explorerons divers outils et applications qui peuvent optimiser la gestion de votre entreprise, offrant une plus grande efficacité opérationnelle, organisation et meilleur contrôle sur les activités.

9.1.1 Systèmes de Gestion d'Entreprise (ERP) :

Les ERP intègrent divers domaines de l'entreprise, tels que les finances, les ressources humaines, les ventes et la logistique. Des outils tels que SAP, Oracle NetSuite et Microsoft Dynamics offrent des solutions globales pour une gestion plus intégrée et efficace.

9.1.2 Outils de Gestion de Projets :

Pour une gestion efficace des projets, des applications telles que Asana, Trello et Microsoft Project sont précieuses. Ces outils facilitent le suivi des tâches, le partage de documents et la communication entre les équipes.

9.1.3 Plateformes de Communication et de Collaboration :

Le succès dans la prestation de services dépend souvent d'une communication efficace. Des outils tels que Slack, Microsoft Teams et Zoom offrent des environnements virtuels collaboratifs, facilitant la communication entre l'équipe et les clients.

9.1.4 Outils de Comptabilité :

La gestion financière est cruciale. Des outils comme QuickBooks, Xero et Sage facilitent la comptabilité, la facturation et le contrôle financier, assurant une vision claire de la santé financière de l'entreprise.

9.1.5 CRM (Gestion de la Relation Client) :

Pour renforcer la relation avec les clients, des CRM tels que Salesforce, HubSpot et Zoho CRM sont essentiels. Ces plateformes aident à gérer les contacts, enregistrer les interactions et personnaliser les stratégies de service.

9.1.6 Outils d'Automatisation du Marketing :

Automatiser les processus marketing peut économiser du temps et améliorer l'efficacité. Des outils comme HubSpot, Mailchimp et Marketo aident à automatiser les e-mails, les campagnes et l'analyse des résultats.

9.1.7 Logiciels de Gestion des Tâches :

Maintenir les tâches organisées est vital. Des outils comme Todoist, Wunderlist (ou son successeur Microsoft To Do) et Remember The Milk aident à l'organisation quotidienne et au suivi des activités.

9.1.8 Plateformes de Stockage en Nuage :

Pour faciliter l'accès et le partage de documents, le stockage en nuage est essentiel. Des services comme Google Drive, Dropbox et Microsoft OneDrive offrent des solutions sécurisées et collaboratives.

9.1.9 Logiciels de Vidéoconférence et de Webinaires :

Avec la nécessité croissante de communication virtuelle, des outils comme Zoom, Microsoft Teams et Webex sont essentiels pour les réunions, les présentations et les formations en ligne.

9.1.10 Outils de Sécurité Informatique :

Protéger les données sensibles est une priorité. Des outils comme Norton, McAfee et Bitdefender offrent des solutions de sécurité informatique, protégeant contre les menaces en ligne.

9.1.11 Plateformes d'Analyse de Données :

Pour prendre des décisions éclairées, des outils d'analyse de données comme Tableau, Google Analytics et Microsoft Power BI offrent des informations précieuses sur la performance de l'entreprise.

En incorporant ces outils dans votre pratique, vous renforcerez la gestion de votre entreprise, garantissant une plus grande efficacité et alignement avec les demandes de la prestation de services. Dans le prochain sujet, nous explorerons les considérations éthiques dans la prestation de services et comment ces principes peuvent avoir un impact positif sur votre pratique professionnelle.

Plateformes de Marketing

9.2 Plateformes de Marketing en Ligne

Dans un environnement numérique hautement compétitif, les plateformes de marketing en ligne jouent un rôle crucial dans la promotion et la visibilité des services offerts. Dans ce sujet, nous explorerons certaines des principales plateformes de marketing en ligne qui peuvent dynamiser la présence de votre entreprise sur Internet.

9.2.1 Google Ads :

Google Ads est une plateforme publicitaire puissante qui vous permet de créer des annonces qui apparaissent dans les résultats de recherche de Google, sur les sites Web partenaires et sur YouTube. Avec un ciblage précis, vous pouvez orienter vos annonces vers le public approprié.

9.2.2 Facebook Ads :

Avec une énorme base d'utilisateurs, Facebook Ads offre une plateforme robuste pour créer des annonces ciblées. Vous pouvez cibler votre public en fonction de la démographie, des intérêts et des comportements, augmentant ainsi l'efficacité de votre campagne.

9.2.3 Instagram for Business :

Instagram est une plateforme visuelle puissante, notamment pour les entreprises axées sur le contenu visuel. Instagram for Business offre des outils d'analyse et de promotion pour accroître la visibilité de la marque à travers des photos et des vidéos captivantes.

9.2.4 LinkedIn Advertising :

Si votre entreprise se concentre sur les services B2B, la publicité LinkedIn est essentielle. Elle permet de cibler des annonces en fonction des postes, des secteurs et des entreprises, atteignant ainsi des professionnels pertinents pour votre domaine.

9.2.5 Twitter for Business :

Twitter for Business offre des opportunités de promotion via des tweets sponsorisés et des annonces. C'est une plateforme efficace pour accroître la visibilité de la marque et s'engager avec votre public cible à travers des messages courts et directs.

9.2.6 YouTube Advertising :

YouTube est la plus grande plateforme de partage de vidéos au monde. Les annonces sur YouTube peuvent atteindre un large public, et vous pouvez cibler vos annonces en fonction des intérêts, des mots-clés et des comportements de visualisation.

9.2.7 Plateformes de Marketing par Email :

Des outils comme Mailchimp, Sendinblue et Constant Contact sont essentiels pour les stratégies de marketing par email. Ils permettent de créer des campagnes personnalisées, d'automatiser les flux de travail et de suivre des métriques importantes.

9.2.8 Outils de SEO :

L'optimisation pour les moteurs de recherche (SEO) est cruciale pour la visibilité en ligne. Des outils comme SEMrush, Moz et Ahrefs aident à optimiser votre site, à effectuer des analyses de concurrents et à améliorer votre classement dans les résultats de recherche.

9.2.9 Plateformes de Marketing de Contenu :

Des plateformes comme HubSpot, CoSchedule et ContentStudio sont idéales pour gérer les stratégies de marketing de contenu. Elles offrent des fonctionnalités pour la création, la planification et l'analyse de contenu, contribuant à la croissance organique.

9.2.10 Google Analytics :

Pour comprendre les performances en ligne, Google Analytics est essentiel. Il fournit des informations détaillées sur le trafic du site, le comportement des utilisateurs et l'efficacité des campagnes, permettant des ajustements stratégiques.

9.2.11 Chaînes de Vidéo en Direct :

Des plateformes comme Facebook Live, Instagram Live et YouTube Live offrent des opportunités de se connecter en temps réel avec votre public. La vidéo en direct est un outil précieux pour l'engagement et l'interaction directe.

En incorporant stratégiquement ces plateformes de marketing en ligne dans votre approche, vous augmenterez la visibilité de votre entreprise, atteignant efficacement votre public cible.

Réseautage

9.3 Ressources de Réseautage

Le réseautage est une partie fondamentale de la construction et de la croissance d'une entreprise dans le secteur des services. Dans ce domaine, nous explorerons divers outils et ressources qui peuvent stimuler vos initiatives de réseautage, en vous connectant à des professionnels, des clients et des opportunités commerciales.

9.3.1 LinkedIn :

LinkedIn est une plateforme de réseautage professionnel largement utilisée. En plus de créer un profil professionnel solide, vous pouvez participer à des groupes pertinents pour votre domaine, partager des idées et vous connecter à des professionnels qui peuvent être précieux pour votre entreprise.

9.3.2 Événements et Conférences en Ligne :

Participer à des événements et des conférences en ligne offre des opportunités précieuses de réseautage. Des plateformes telles que Eventbrite, Meetup et Zoom facilitent la participation à des événements liés à votre secteur, permettant des connexions significatives.

9.3.3 Outils de Réseautage Local :

Pour établir des liens dans votre communauté locale, utilisez des outils tels que Nextdoor, des groupes Facebook locaux et des applications spécifiques à la région. Cela facilite la connexion avec d'autres prestataires de services locaux et des clients potentiels.

9.3.4 Banque de Réseautage :

Tenir une banque de réseautage est une pratique efficace. Des outils tels que Contactually et Nimble vous aident à gérer vos contacts, rappels de suivi et interactions passées, renforçant vos relations au fil du temps.

9.3.5 Réseaux d'Anciens Élèves :

Si vous avez fréquenté un établissement éducatif, profitez des réseaux d'anciens élèves. Des plateformes comme Graduway et AlumniFinder vous permettent de vous connecter à d'anciens élèves, créant ainsi des opportunités de réseautage précieuses.

9.3.6 Plates-formes de Collaboration Professionnelle :

Des outils tels que Slack, Microsoft Teams et Trello ne sont pas uniquement destinés à la collaboration interne. Ils peuvent également être utilisés pour se connecter à d'autres professionnels de votre industrie, participer à des communautés et échanger des connaissances.

9.3.7 Clubs et Associations Professionnels :

Adhérer à des clubs et associations professionnelles pertinentes dans votre domaine d'activité est une stratégie de réseautage efficace. La participation à des réunions et événements de ces organisations peut ouvrir des portes à de nouvelles opportunités.

9.3.8 Plates-formes de Questions-Réponses :

Participer à des plateformes telles que Quora et Reddit permet non seulement de partager vos connaissances, mais aussi de se connecter à des professionnels et des clients potentiels à la recherche de conseils dans votre domaine d'expertise.

9.3.9 Applications de Réseautage Professionnel :

Certaines applications sont spécialement conçues pour faciliter le réseautage professionnel. Des exemples incluent Shapr, Bumble Bizz et Weave, qui mettent en relation des professionnels ayant des intérêts similaires.

9.3.10 Webinaires et Ateliers en Ligne :

Organiser des webinaires et des ateliers en ligne met en valeur votre expertise et crée également des opportunités de réseautage. Des plateformes comme Zoom et Webex permettent des interactions en temps réel et peuvent attirer un public diversifié.

9.3.11 Plates-formes de Freelancers :

Si vous êtes un prestataire de services indépendant, des plates-formes telles que Upwork, Freelancer et Fiverr offrent non seulement des opportunités de travail, mais également la possibilité de construire un réseau de clients et de collègues de travail.

En utilisant ces outils de réseautage, vous construirez un réseau professionnel solide, ouvrant la voie à des collaborations, des partenariats et des opportunités de croissance pour votre entreprise.

Chapitre 10

Perfectionnement Professionnel Continu

10.1 Participation aux Événements et Ateliers

Le perfectionnement professionnel continu est essentiel pour rester pertinent dans un environnement commercial en constante évolution. Participer à des événements et des ateliers est une stratégie précieuse pour acquérir de nouvelles connaissances, développer des compétences et élargir votre réseau de contacts. Dans ce premier sujet, nous explorerons l'importance et les meilleures pratiques pour tirer le meilleur parti de ces opportunités d'apprentissage.

10.1.1 Importance de la Participation aux Événements :

- **Mise à Jour des Connaissances :** Participer à des événements donne accès à des informations et tendances récentes dans votre domaine d'activité. Les conférences, les panels et les présentations offrent des idées précieuses qui peuvent stimuler l'innovation dans vos services.

- **Réseautage Professionnel :** Les événements sont des environnements propices pour construire et renforcer votre réseau professionnel. Se connecter avec des collègues de l'industrie, des experts et des clients potentiels peut entraîner des partenariats stratégiques et des opportunités commerciales.

- **Inspiration et Motivation :** Le contact avec des professionnels inspirants et des histoires à succès peut motiver et dynamiser votre propre travail. Le partage d'expériences et de défis lors des événements offre une perspective unique qui peut stimuler votre croissance professionnelle.

10.1.2 Choix Stratégique des Événements :

- **Alignement avec les Objectifs Professionnels :** Sélectionnez des événements qui correspondent à vos objectifs professionnels. Considérez les domaines dans lesquels vous souhaitez améliorer vos compétences, explorer de nouvelles tendances ou élargir votre réseau de contacts.

- **Diversité des Formats :** Choisissez des événements offrant une variété de formats, tels que des conférences, des ateliers interactifs, des sessions pratiques et des opportunités de réseautage. Cela offrira une expérience plus complète.

10.1.3 Préparation et Engagement Efficace :

- **Étude Préalable du Programme :** Avant l'événement, étudiez le programme pour identifier les sessions et les intervenants d'intérêt. Cela vous permet de maximiser votre temps et de participer aux activités les plus pertinentes pour vos objectifs.

- **Participation Active aux Discussions :** Contribuez aux discussions et posez des questions lors des sessions. Cela démontre non seulement votre engagement, mais offre également des opportunités d'interaction avec les intervenants et les autres participants.

10.1.4 Réseautage Stratégique :

- **Cartes de Visite et Profil en Ligne :** Ayez des cartes de visite à jour et créez un profil en ligne mettant en valeur vos compétences et expériences. Cela facilite l'échange d'informations lors des événements et aide les contacts à se souvenir de vous après la fin de l'événement.

- **Participation aux Activités de Réseautage :** Profitez des activités de réseautage proposées lors des événements, telles que les cocktails, les pauses café et les tables rondes. Ces moments informels sont idéaux pour établir des liens plus personnels.

10.1.5 Valorisation Post-Événement :

- **Suivi avec les Contacts :** Après l'événement, faites un suivi avec les contacts que vous avez rencontrés. Envoyez des e-mails personnalisés, connectez-vous sur les réseaux sociaux et explorez les opportunités de collaboration qui peuvent découler de ces relations.

- **Application Pratique des Connaissances** : Mettez en pratique les connaissances acquises dans votre travail quotidien. L'application pratique est essentielle pour transformer les informations en actions efficaces et améliorer votre performance professionnelle.

En participant activement à des événements et des ateliers, vous investissez non seulement dans le développement de vos compétences, mais aussi dans la construction d'un réseau solide et précieux.

Éducation Continue

10.2 Éducation Continue

L'éducation continue est un pilier essentiel pour les professionnels qui cherchent à rester à jour et compétitifs dans leurs domaines d'activité. Dans ce deuxième sujet, nous explorerons l'importance de l'éducation continue, ses différentes formes et les stratégies efficaces pour garantir un apprentissage continu tout au long de la carrière.

10.2.1 Importance de l'Éducation Continue :

- **Mise à Jour des Connaissances** : L'évolution rapide des industries exige que les professionnels restent constamment à jour. L'éducation continue est la clé pour comprendre les nouvelles technologies, les tendances du marché et les innovations dans le domaine d'activité.

- **Maintien de la Pertinence Professionnelle :** Les professionnels qui cherchent constamment à améliorer leurs compétences et connaissances restent pertinents sur un marché du travail dynamique. Cela contribue non seulement à la préservation de l'employabilité, mais aussi aux opportunités d'avancement de carrière.

10.2.2 Formes d'Éducation Continue :

- **Cours en Présentiel et en Ligne :** L'offre de cours en présentiel et en ligne est vaste. Des plateformes comme Coursera, Udemy et LinkedIn Learning offrent un accès à une variété de cours dans différents domaines, permettant une flexibilité d'apprentissage à votre propre rythme.

- **Certifications Professionnelles :** Les certifications sont reconnues comme des preuves tangibles de connaissances et de compétences. Rechercher des certifications pertinentes pour votre domaine d'activité est un moyen efficace de valider vos compétences auprès des employeurs et des clients.

- **Participation à des Conférences et Séminaires :** Les conférences et les séminaires offrent l'occasion d'apprendre auprès d'experts, de discuter de sujets pertinents et d'élargir la compréhension des défis et tendances de l'industrie.

10.2.3 Stratégies Efficaces pour l'Éducation Continue :

- **Établissement d'Objectifs Clairs :** Définissez des objectifs éducatifs clairs en identifiant les domaines spécifiques que vous souhaitez améliorer. Ces objectifs serviront de lignes directrices pour la sélection de cours et d'activités d'apprentissage.

- **Programmation Régulière des Études :** Réservez régulièrement du temps pour les études et l'apprentissage. Créer un emploi du temps dédié à l'éducation continue garantit la cohérence et évite que cette pratique ne soit négligée dans la vie professionnelle quotidienne.

- **Participation aux Communautés Professionnelles :** Impliquez-vous dans les communautés professionnelles en ligne et hors ligne. Échanger des connaissances et des expériences avec des collègues élargit votre perspective et offre un apprentissage continu grâce à des interactions collaboratives.

10.2.4 Investissement dans le Développement Personnel :

- **Développement de Compétences Complémentaires :** En plus des compétences techniques, investissez dans des compétences complémentaires telles que le leadership, la communication et la résolution de problèmes. Ces compétences sont de plus en plus valorisées sur le lieu de travail.

- **Exploration de Nouveaux Domaines :** Soyez ouvert à l'exploration de nouveaux domaines liés à votre profession. Cela élargit votre ensemble de compétences et vous permet de vous démarquer dans les aspects multidimensionnels de votre domaine.

10.2.5 Feedback et Évaluation Continue :

- **Demande de Feedback :** Cherchez régulièrement des feedbacks auprès de collègues, mentors ou instructeurs. Les feedbacks constructifs aident à identifier les domaines d'amélioration et à adapter votre approche d'apprentissage.

- **Évaluation Continue de la Progression :** Évaluez régulièrement votre progression par rapport aux objectifs établis. Cela permet d'ajuster votre plan d'éducation continue si nécessaire et de rester aligné sur vos objectifs.

10.2.6 Mentorat et Conseils :

- **Recherche de Mentors :** Établissez des relations avec des professionnels expérimentés qui peuvent vous guider dans votre développement professionnel. Le mentorat est un outil précieux pour obtenir des idées, des conseils pratiques et une orientation dans l'éducation continue.

En intégrant l'éducation continue comme une pratique constante dans votre carrière, vous serez équipé pour relever les défis dynamiques du marché et prospérer dans des environnements professionnels en constante évolution.

Adaptation aux Changements

10.3 Adaptation aux Changements sur le Marché

La capacité d'adaptation est une compétence cruciale pour les professionnels cherchant à se démarquer sur un marché en constante évolution. Dans ce troisième sujet, nous explorerons l'importance de l'adaptation aux changements, les stratégies pour identifier les tendances et comment cultiver une mentalité flexible pour prospérer face à de nouveaux défis.

10.3.1 Importance de l'Adaptation :

- **Réponse aux Tendances Émergentes :** L'adaptation vous permet de répondre rapidement aux tendances émergentes. Ceux qui peuvent anticiper et embrasser les changements sur le marché ont un avantage compétitif significatif.

- **Maintien de la Pertinence :** L'évolution constante du marché exige que les professionnels restent pertinents. Ceux qui résistent à la stagnation et cherchent constamment à s'adapter sont mieux positionnés pour relever les défis et saisir les opportunités.

10.3.2 Stratégies pour Identifier les Changements :

- **Surveillance des Tendances du Secteur :** Restez informé des tendances du secteur grâce à des lectures régulières, à la participation à des conférences et à l'implication dans des communautés professionnelles. La compréhension de votre environnement opérationnel est essentielle pour l'adaptation.

- **Réseautage et Connexions Professionnelles :** Établissez un solide réseau de contacts professionnels. Le partage d'informations et d'idées avec des collègues et des mentors peut fournir des perspectives précieuses sur les changements imminents et les opportunités émergentes.

10.3.3 Cultivation d'une Mentalité Flexible :

- **Acceptation de l'Incertitude :** Développez une mentalité qui accepte l'incertitude comme faisant partie du processus. Dans des environnements dynamiques, la capacité à faire face à des situations incertaines et à s'adapter rapidement est une compétence essentielle.

- **Apprentissage Continu :** Soyez ouvert à l'apprentissage continu. Soyez prêt à acquérir de nouvelles compétences, même si cela implique de sortir de votre zone de confort. La recherche constante de connaissances renforce votre capacité d'adaptation.

10.3.4 Résilience et Gestion du Changement :

- **Développement de la Résilience :** La résilience est la capacité à se remettre des adversités. Cultivez cette compétence pour faire face aux défis de manière constructive, en tirant des leçons des expériences passées et en appliquant ces enseignements.

- **Participation à des Formations sur la Gestion du Changement :** Des formations spécifiques à la gestion du changement peuvent fournir des outils et des stratégies pour faire face efficacement aux transitions. Cela facilite l'adaptation personnelle et a un impact positif sur les équipes et les organisations.

10.3.5 Innovation Personnelle et Professionnelle :

- **Stimulation de la Créativité :** Cultivez la créativité comme une compétence pour rechercher des solutions innovantes. Soyez ouvert à l'expérimentation de nouvelles approches et à la remise en question du statu quo, contribuant à l'innovation dans votre domaine.

- **Expérimentation Contrôlée :** Effectuez des expériences contrôlées dans votre pratique professionnelle. Testez de nouvelles idées, méthodologies ou stratégies avant de les mettre en œuvre à grande échelle. L'expérimentation permet des ajustements et des affinements avec moins de risques.

10.3.6 Surveillance de l'Environnement de Travail :

- **Observation des Indicateurs de Marché :** Soyez attentif aux indicateurs de marché tels que les changements réglementaires, les avancées technologiques et les comportements des consommateurs. Ces informations peuvent signaler des changements imminents qui affecteront votre domaine d'activité.

- **Évaluation Continue de la Concurrence :** Surveillez les pratiques et les stratégies de la concurrence. L'analyse de la concurrence fournit des informations sur ce qui fonctionne et ce qui ne fonctionne pas, guidant les ajustements dans votre approche.

En adoptant une approche proactive de l'adaptation, vous restez en avance sur les changements et contribuez à façonner votre environnement professionnel.

Chapitre 11

Études de Cas Exemples Pratiques de Prestataires de Services Bien-Succédés

Dans le chapitre 11, nous explorerons des études de cas inspirantes de prestataires de services qui ont atteint le succès grâce à des stratégies innovantes, des compétences exceptionnelles et une approche dédiée à l'excellence. Ces exemples pratiques offrent des idées précieuses et des leçons apprises qui peuvent inspirer d'autres professionnels à améliorer leurs propres pratiques.

Étude de Cas 1 : Jean, Consultant en Marketing Digital Défi : Jean, un consultant en marketing digital, a rencontré le défi de se démarquer dans un marché saturé. Il a réalisé l'importance de se spécialiser dans un domaine spécifique pour se différencier de la concurrence.

Stratégies Réussies :

- **Niches Spécifiques :** Jean a choisi de se spécialiser dans le marketing digital pour les petites entreprises locales, construisant ainsi une réputation solide dans ce créneau.

- **Réseautage Actif :** Il a régulièrement participé à des événements locaux, se connectant avec des entrepreneurs et établissant un réseau de contacts qui a abouti à des partenariats stratégiques.

- **Formation Continue :** Il est resté informé des dernières tendances en marketing digital grâce à des cours en ligne et des certifications, garantissant que ses services étaient toujours alignés sur les meilleures pratiques.

Résultat : Jean a conquis une base de clients fidèles et a vu son entreprise prospérer alors qu'il devenait une référence en marketing digital pour les petites entreprises locales.

Étude de Cas 2 : Pierre, Développeur de Logiciels Freelance Défi : Pierre, un développeur de logiciels freelance, a dû relever le défi d'assurer un flux constant de projets et de clients.

Stratégies Réussies :

- **Présence en Ligne Forte :** Il a créé un portfolio en ligne détaillé, mettant en avant des projets précédents, des témoignages de clients et ses compétences techniques.

- **Collaboration sur des Plateformes Freelance :** Il a utilisé des plateformes de freelancers, telles que Upwork et Freelancer, pour trouver des projets supplémentaires et construire sa réputation.

- **Réseautage Professionnel :** Il a activement participé à des communautés en ligne de développeurs, échangeant des connaissances, recevant des retours et, occasionnellement, obtenant des recommandations d'autres professionnels.

Résultat : Pierre a établi une solide réputation en tant que freelance, avec une base de clients diversifiée. Son succès lui a également valu des opportunités de projets plus complexes et mieux rémunérés.

Étude de Cas 3 : Camille, Coach en Développement Personnel Défi : Camille, une coach en développement personnel, a eu pour défi de bâtir une pratique de coaching réussie dans un marché hautement concurrentiel.

Stratégies Réussies :

- **Image de Marque Personnelle :** Elle a investi dans le développement de sa marque personnelle, créant un site web professionnel, participant à des podcasts et rédigeant des articles sur le développement personnel.

- **Programmes de Coaching Spécialisés :** Elle a développé des programmes de coaching spécialisés pour répondre à des publics spécifiques, tels que les professionnels en transition de carrière et les entrepreneurs débutants.

- **Collaboration avec d'Autres Coachs :** Elle a établi des partenariats avec d'autres coachs pour proposer des ateliers et des événements conjoints, élargissant ainsi sa visibilité sur le marché.

Résultat : Camille a construit une solide pratique de coaching, attirant des clients grâce à sa présence en ligne, ses programmes spécialisés et ses collaborations stratégiques.

Ces études de cas illustrent la diversité des approches adoptées par les prestataires de services réussis pour atteindre le succès dans leurs domaines respectifs. Dans le prochain chapitre, nous aborderons l'importance de l'éthique dans la prestation de services et comment cela contribue à la construction d'une réputation durable.

Chapitre 12

Éthique dans la Prestation de Services et sa Contribution à la Construction d'une Réputation Durable

L'éthique joue un rôle fondamental dans la prestation de services, car elle influence directement la manière dont les professionnels interagissent avec les clients, font face aux défis et gèrent leurs affaires. Voici quelques points essentiels sur l'éthique dans la prestation de services et comment elle contribue à la construction d'une réputation durable :

Transparence et Honnêteté :

- La transparence et l'honnêteté sont des principes éthiques essentiels. Les prestataires de services doivent être transparents sur leurs processus, leurs prix et leurs politiques, en fournissant des informations claires et précises aux clients.

Intégrité dans les Relations avec les Clients :

- Maintenir l'intégrité dans les relations avec les clients est fondamental. Cela inclut le respect des délais, l'assurance de la qualité du service fourni, même lorsque personne ne regarde.

Respect de la Confidentialité et de la Vie Privée :

- Respecter la confidentialité et la vie privée des informations des clients est crucial. Les prestataires de services doivent protéger les données confidentielles et n'utiliser ces informations que dans les buts convenus avec le client.

Équité et Justice :

- L'équité et la justice doivent guider les décisions et actions des prestataires de services. Cela signifie traiter tous les clients de manière juste et impartiale, indépendamment de leur origine, leur statut ou leur identité.

Responsabilité Sociale et Environnementale :

- Les prestataires de services ont la responsabilité de considérer l'impact social et environnemental de leurs opérations. Cela inclut l'adoption de pratiques durables, la promotion de la diversité et de l'inclusion, et la contribution au bien-être de la communauté.

Gestion Éthique des Conflits d'Intérêts :

- Les prestataires de services doivent gérer les conflits d'intérêts de manière éthique, en priorisant les intérêts des clients et en évitant les situations où leurs intérêts personnels pourraient compromettre l'impartialité ou l'objectivité.

Communication Claire et Ouverte :

- La communication claire et ouverte est essentielle pour établir et maintenir la confiance avec les clients. Les prestataires de services doivent communiquer de manière honnête et accessible, en évitant les informations trompeuses ou ambiguës.

Apprendre de ses Erreurs et Assumer la Responsabilité :

- Reconnaître les erreurs et en assumer la responsabilité est une partie importante de l'éthique dans la prestation de services. Les prestataires de services doivent être prêts à apprendre de leurs erreurs et à prendre des mesures pour les corriger et éviter qu'elles ne se reproduisent.

Construction d'une Réputation Durable :

- En adoptant une approche éthique dans la prestation de services, les professionnels construisent une réputation solide et durable. La confiance des clients est gagnée au fil du temps grâce à des actions cohérentes et un comportement éthique.

- Une réputation positive basée sur l'éthique attire non seulement de nouveaux clients, mais favorise également la fidélité et le bouche-à-oreille positif. Les clients apprécient les prestataires de services qui font preuve d'intégrité, de responsabilité et de respect.

- De plus, une réputation éthique renforce les relations avec les clients, entraînant des partenariats à long terme et des recommandations positives. Les clients font confiance aux prestataires de services qui montrent un engagement envers l'éthique et la responsabilité sociale. En résumé, l'éthique dans la prestation de services n'est pas seulement une question de conformité aux normes et aux réglementations, mais un impératif pour le succès durable. En donnant la priorité à l'éthique dans toutes les interactions et décisions, les prestataires de services construisent une base solide pour une réputation durable et des relations commerciales mutuellement bénéfiques.

L'Importance d'une "Bonne Réputation"

Le prestataire de services est une figure centrale dans n'importe quel secteur, chargé de fournir des solutions et de répondre aux besoins des clients. Cependant, en plus de fournir un service de qualité, il est crucial que le prestataire veille à sa bonne réputation. La réputation d'un prestataire de services est un actif précieux, construit au fil du temps grâce à des actions cohérentes et à un comportement éthique. C'est cette réputation qui influence la confiance des clients, la fidélité et la croissance de l'entreprise.

En fondant son action sur des bases solides en matière d'éthique, le prestataire de services démontre son engagement envers des normes élevées de conduite professionnelle. L'éthique est le socle sur lequel toutes les interactions et transactions commerciales doivent être construites. Elle guide les décisions du prestataire, garantissant qu'il fasse ce qui est juste, même lorsque personne ne regarde. Cette intégrité est essentielle pour maintenir la confiance des clients et préserver la réputation du prestataire de services.

L'éthique dans la prestation de services va au-delà de la simple conformité aux lois et règlements. Cela implique d'agir de manière juste, honnête et responsable dans toutes les situations. Cela inclut la transparence envers les clients, le respect de leur vie privée et de leur confidentialité, et le respect des engagements pris. Lorsqu'un prestataire de services opère sur la base de ces principes éthiques, il construit une base solide pour des relations à long terme avec les clients.

Une réputation entachée par des pratiques antiéthiques peut avoir des répercussions dévastatrices pour le prestataire de services. La perte de confiance des clients peut entraîner une perte d'affaires et d'opportunités futures. De plus, la mauvaise réputation peut se propager rapidement par le biais du bouche-à-oreille négatif et des réseaux sociaux, affectant la crédibilité du prestataire et sa capacité à concurrencer sur le marché.

D'autre part, une bonne réputation basée sur l'éthique peut être un avantage concurrentiel puissant. Les clients apprécient les prestataires de services qui font preuve d'intégrité, de fiabilité et d'engagement envers leur bien-être. Une réputation positive peut attirer de nouveaux clients, générer des recommandations et renforcer les liens avec les clients existants. C'est un cercle vertueux où l'éthique alimente la réputation et la réputation renforce l'éthique.

De plus, l'éthique dans la prestation de services contribue à la durabilité à long terme de l'entreprise. Les prestataires de services qui opèrent de manière éthique ont tendance à éviter les problèmes légaux, les litiges et les dommages à l'image de l'entreprise. Ils sont également mieux positionnés pour relever les défis et les crises, car ils ont la confiance et le soutien de leurs clients et de leurs communautés.

Par conséquent, il est dans l'intérêt de tout prestataire de services de veiller à sa bonne réputation et d'agir avec intégrité dans tous les domaines de son activité. L'éthique n'est pas seulement une obligation morale, mais aussi une stratégie intelligente pour le succès à long terme. En construisant et en préservant une réputation éthique, le prestataire de services établit les bases de relations durables, d'une croissance durable et d'une prospérité continue.

Conclusion

Récapitulation des Points Clés

Dans ce dernier chapitre, il est crucial de récapituler les points clés discutés tout au long de ce manuel, offrant une vision globale et mettant en évidence les principales leçons apprises. Revisitons les éléments essentiels qui ont été explorés pour renforcer la compréhension et la préparation du prestataire de services.

Perfectionnement Professionnel Continu :

- L'éducation continue est essentielle pour rester à jour et pertinent dans un marché dynamique.
- Participer à des événements, des ateliers et rechercher des certifications sont des stratégies fondamentales pour le perfectionnement professionnel.

Adaptation aux Changements sur le Marché :

- La capacité d'adaptation est cruciale pour relever les défis et saisir les opportunités dans un environnement commercial en constante évolution.
- Identifier les tendances, cultiver une mentalité flexible et gérer les changements sont des éléments clés de l'adaptation efficace.

Études de Cas Inspirantes :

- Les exemples pratiques de prestataires de services réussis mettent en évidence l'importance de stratégies spécifiques telles que la spécialisation, le réseautage, la présence en ligne et les collaborations stratégiques.

- La diversité des approches démontre qu'il n'y a pas de recette unique pour le succès, mais plutôt la nécessité d'adapter les stratégies à la réalité individuelle.

Éthique dans la Prestation de Services :

- L'intégrité et l'éthique sont essentielles pour construire une réputation solide et durable.

- Prendre des décisions éthiques contribue à la confiance du client, à la fidélisation et à la croissance durable de l'entreprise.

Équilibre Entre Vie Professionnelle et Personnelle :

- La recherche d'un équilibre sain entre vie professionnelle et personnelle est cruciale pour la santé mentale, la satisfaction professionnelle et les performances constantes.

Considérations Juridiques et Contractuelles :

- Comprendre les formes juridiques, les licences nécessaires et l'élaboration de contrats est essentiel pour établir et protéger une entreprise dans la prestation de services.

Marketing Personnel et Gestion des Clients :

- Construire une forte marque personnelle, utiliser des stratégies de marketing efficaces et améliorer les compétences en gestion des clients sont des éléments clés du succès dans la prestation de services.

Bonnes Pratiques dans la Prestation de Services :

- Élaborer des contrats solides, gérer les projets de manière efficace et prioriser la qualité du service sont des bonnes pratiques qui contribuent au succès à long terme.

Aspects Légaux et Contractuels :

- Connaître les droits et devoirs, résoudre les litiges de manière efficace et rester à jour sur les aspects légaux sont des composantes essentielles pour la sécurité juridique du prestataire de services.

Outils et Ressources Utiles

- Utiliser des logiciels de gestion, des plateformes de marketing en ligne et des ressources de réseautage sont des stratégies pour optimiser les opérations et promouvoir la croissance de l'entreprise.

Récapitulation Finale :

- La combinaison d'un apprentissage continu, d'une adaptation proactive, de pratiques éthiques, d'un équilibre entre vie professionnelle et personnelle, ainsi que l'application efficace de stratégies commerciales, constituent la base du succès durable dans la prestation de services.

En internalisant ces points clés, les prestataires de services seront équipés pour relever les défis et prospérer dans un environnement professionnel dynamique. Ce manuel sert de guide complet, mais n'oubliez pas que le succès est un voyage continu d'apprentissage et d'amélioration. Bonne chance dans votre parcours dans la prestation de services!

Encouragement pour un Succès Continu

En arrivant à la fin de ce manuel, il est essentiel d'offrir des mots d'encouragement pour inspirer et motiver les prestataires de services dans leur quête de succès continu. Voici quelques points clés qui peuvent servir de guide pour un parcours durable et réussi dans la prestation de services :

Cultivez une Mentalité d'Apprentissage :

- **Considérez chaque défi comme une opportunité d'apprentissage.** Restez curieux et ouvert aux nouvelles idées et approches innovantes.

Soyez Adaptatif et Flexible :

- **Le monde des affaires est en constante évolution.** La capacité de s'adapter aux changements avec flexibilité est une compétence précieuse. Voyez les changements comme des occasions de croissance.

Construisez des Relations Solides :

- **Les relations sont la base du succès dans la prestation de services.** Cultivez des liens authentiques, construisez un réseau solide et investissez dans le développement de partenariats durables.

Maintenez une Approche Ethique :

- **L'éthique est l'épine dorsale d'une réputation solide.** Prenez des décisions basées sur des valeurs, soyez transparent dans vos interactions et maintenez l'intégrité dans toutes les transactions.

Prenez Soin de Votre Bien-Être :

- **Souvenez-vous que le succès n'est pas seulement professionnel, mais aussi personnel.** Prenez soin de votre santé mentale et physique en maintenant un équilibre sain entrevie professionnelle et personnelle.

Célébrez les Réussites, Apprenez des Défis :

- **Célébrez chaque réussite, aussi petite soit-elle.** En affrontant les défis, voyez-les comme des occasions de croissance. Chaque expérience contribue à votre développement.

La Persistance est la Clé :

- **Le chemin vers le succès peut connaître des hauts et des bas.** La persistance face aux défis est cruciale. Continuez à perfectionner vos compétences et vos stratégies, même lorsque vous rencontrez des obstacles.

Restez Connecté à la Communauté Professionnelle :

- **Impliquez-vous dans votre communauté professionnelle.** L'échange d'expériences, de connaissances et le soutien mutuel sont des éléments essentiels à la croissance continue.

Innovez et Recherchez l'Excellence :

- **Recherchez toujours l'innovation.** La quête de l'excellence, que ce soit dans la qualité du service, la satisfaction du client ou l'efficacité opérationnelle, est un avantage concurrentiel.

Apprenez de la Diversité des Expériences :

- **La diversité des expériences, que ce soit à travers des projets, des collaborations ou des interactions, est une source riche d'apprentissage.** Profitez des opportunités pour élargir vos horizons.

Souvenez-vous que le succès est un voyage continu, et chaque pas que vous faites contribue à votre croissance. Célébrer les victoires, apprendre des défis et continuer à perfectionner vos compétences sont des éléments essentiels pour une carrière réussie dans la prestation de services.

Je vous remercie d'avoir suivi ce manuel, et je vous souhaite un voyage riche en réalisations, en croissance professionnelle et en satisfaction personnelle. Continuez à suivre le chemin du succès avec dévouement et passion pour la prestation de services. Bonne chance !

Livres Recommandés de Ressources Supplémentaires

Pour une immersion plus approfondie et une source continue d'informations précieuses dans votre parcours de prestation de services, nous recommandons la lecture des livres suivants. Ces ouvrages offrent des perspectives pratiques, des stratégies éprouvées et de l'inspiration pour vous aider à perfectionner vos compétences professionnelles et à atteindre un succès durable :

"Lean Startup" par Eric Ries :

- Ce livre aborde les principes essentiels pour les entrepreneurs et les prestataires de services, mettant en avant l'importance de l'innovation continue, du feedback client et de l'efficacité opérationnelle.

"Vendre est Humain" par Daniel H. Pink :

- Pink explore l'art de la vente et comment chacun, d'une manière ou d'une autre, est impliqué dans des activités de vente. Le livre offre des perspectives sur la persuasion, l'influence et la communication efficace.

"Travail Profond" par Cal Newport :

- Newport aborde l'importance de la concentration profonde dans un monde rempli de distractions. Il propose des stratégies pour maximiser la productivité et obtenir des résultats significatifs.

"Le Pouvoir des Habitudes" par Charles Duhigg :

- Duhigg explore le pouvoir des habitudes et comment les comprendre peut conduire à des changements positifs tant dans la vie personnelle que professionnelle.

"Atomic Habits" par James Clear :

- Clear explore comment de petits changements dans les habitudes quotidiennes peuvent entraîner de grandes transformations. Il offre des stratégies pratiques pour développer des habitudes positives.

"Les 7 Habitudes des Gens Très Efficaces" par Stephen R. Covey :

- Covey présente sept habitudes fondamentales qui peuvent mener à une vie plus efficace et productive. Les principes discutés ont des applications directes dans la prestation de services.

"Conversations Cruciales" par Kerry Patterson, Joseph Grenny, Ron McMillan et Al Switzler :

- Ce livre aborde comment gérer les conversations difficiles et importantes, une compétence cruciale dans la gestion des clients et la résolution des conflits.

"Commencez par Pourquoi" par Simon Sinek :

- Sinek explore l'importance de commencer par le "pourquoi" lors de la communication d'une vision ou de l'offre de services. Il met en avant la connexion émotionnelle comme catalyseur du succès.

"Mindset: La Psychologie du Succès" par Carol S. Dweck :

- Dweck explore le mindset fixe versus le mindset de croissance et comment ce dernier peut avoir un impact positif sur la performance et le développement.

"Measure What Matters" par John Doerr :

- Ce livre souligne l'importance de définir et de mesurer les objectifs clés pour guider le succès dans les affaires et la prestation de services.

Ces livres offrent une combinaison de théorie et de pratique, apportant des informations précieuses d'experts dans différents domaines. En incorporant les leçons de ces ouvrages dans votre approche professionnelle, vous serez mieux équipé pour relever les défis et atteindre vos objectifs dans la prestation de services. Bonne lecture et succès dans votre parcours !

www.ingramcontent.com/pod-product-compliance
Lightning Source LLC
Chambersburg PA
CBHW062218220526
45471CB00009B/3253